◀ **메디벳**
   백마출판사 ▶

메디벳

백마출판사

피부사상균 키트 · 트리오 배지 · VBTA

1:1오픈채팅

이 도 규 ᴰⱽᴹ

📱 010-2419-0075
📠 0505.277.0076
✉ toklee@naver.com
❋ 국민은행(이도규) 010 2419 0075

개의 마음을 알 수 있는 67가지 비법

왜 어디서든 구멍을 파려고 하는 걸까?
어째서 항상 땅 냄새를 맡는 걸까?

사토 에리나 지음
이도규 역

백마출판사

저자 소개

사토 에리나

교토에서 태어났다. 미국 미네소타 대학교 생물과학부 생태진화행동학과를 졸업했다. 생물학, 동물의 생태, 행동학을 배운 후 영국의 피터 네빌 박사를 사사하면서 COAPE(Centre of Applied Pet Ethology)에서 자격을 수료했다. 일본대학에서 시작한 벤처기업 스노우드림 주식회사 소속이다. 교토 약과대학의 강사를 역임하면서 관서권을 중심으로 개의 문제행동을 해결하는 반려동물 심리행동 카운셀링을 진행하며 동물병원에서 '개 교실'도 개최하고 있다. 주요 저서는 〈개의 '곤란해!'를 해결하자〉(사이언스아이신서 출판)가 있다.

사토 에리나의
'개의 마음을 고려한 영국식 반려동물 심리행동 카운셀링'
http://www.petbehaviorist.info/

본문 디자인·아트디렉션 : 쿠니미디어 주식회사
일러스트 : 호타티노
교정 : 소네 노부히사사

책을 시작하며

    저는 반려동물 심리 행동 카운셀러로서 개의 문제 행동을 해결하는 일을 하고 있습니다. 개의 난감한 행동의 원인은 '개가 자신을 무리의 보스라고 생각하기 때문에'라는 사고방식이 주류였던 당시에 저 또한 그렇게 생각했습니다. 그러나 제가 미국에서 행동학을 공부하고, 영국에서 개 행동 심리학을 배우며 경험을 쌓는 중에 깨달은 것은 그 생각이 틀렸다는 것이었습니다.

    개의 문제 행동이라고는 하지만 원인은 다양하며 사실 **주인의 행동이 원인인 경우가 많습니다**. 주인은 '왜 개가 이런 난감한 행동을 하는지 모르겠어'라고 말하지만 주인 자신이 개의 보디랭귀지나 표정, 생태, 학습의 방법을 알고 있다면 조금 더 '개의 마음'을 이해하여 문제 행동의 원인을 알 수 있을 것입니다. 그러면 처음으로 당신의 마음이나 당신이 반려견에게 바라는 행동을 전달할 수 있을 것입니다.

    저는 이 책을 쓰면서 제가 어렸을 적에 서점에 갈 때마다 개와 관련된 책을 할머니를 졸라서 샀던 기억을 떠올렸습니다. 그때의 저는 개에 대한 것을 전부 알고 싶었던 것입니다.

    지금 생각하면 개에 대한 지식을 늘리고 싶었던 것이 아니라 당시에 함께 살았던 작은 요크셔테리어의 마음을 조금이라도 더 이해하고 싶었던 것 같습니다. 너무나 좋아하는 반려견의 마음에 좀 더 다가갈 수 있도록, 조금이라도 더 반려견을 이해하고 가까워지고 싶었던 것이지요.

당시에는 아직 '개에게 얕보이지 않으려면 무리(가족)의 보스가 되어야 한다'고 하는 생각이 주류를 이루고 있었습니다. 그 때문에 '주인보다도 먼저 걸어가지 못하도록 할 것', '개의 식사는 주인이 식사를 마치고 나서 줄 것'이라고 하는 지금으로서는 생각할 수 없는 고전적인 교육을 시행하여 반려견을 안 좋은 경험을 하게 하고 말았습니다.

이 같은 도미넌스 이론은 20년 이상 전에 미국에서 유행하여 일본으로 건너왔습니다. 하지만 현재에는 많은 연구가 이루어짐에 따라 비과학적이며 잘못된 방식이라는 것이 밝혀졌고 반려동물 선진국에서는 쇠퇴하고 있는 이론입니다. 저 또한 **중요한 것은 주종 관계가 아니라 신뢰 관계**라고 믿고 있습니다.

요즘에는 더욱 흥미 깊은 연구가 거듭되고 있고, 지금까지 몰랐던 개의 생태가 하나하나씩 밝혀지고 있습니다. 이 책이 발매될 즈음에도 세계 어디에선가 개에 대한 새로운 발견이 나타날지도 모릅니다. 개에 대한 정보나 훈육법은 시대의 변화에 따라 바뀌어 갈 것입니다. 그렇기 때문에 우리들도 낡은 지식을 업데이트해 두어야 합니다.

이 책에서는 최근의 개 행동학, 생태학, 진화학을 비롯하여 저 스스로의 경험으로 밝혀진 개라는 생물의 진짜 모습을 재탐구 했습니다. '개에 대한 모든 것을 알고 싶다'는 저의 욕심을 가득 담았습니다. 만약 어렸을 때의 제가 이 책을 읽고 개에게도 반항기가 있다거나, 개의 보디랭귀지에 대해 제대로 안다면 매우 놀랄 것입니다.

이 책을 다 읽은 후에 만약 주인이 반려견에 대하여 아주 조금이라도 이전보다 이해할 수 있게 된다면 그것만으로도 충분하다고 생각합니다. 이 책을 읽어도 당신은 반려견의 행동을 100% 이해할 수 없을지도 모릅니다. 그렇기 때문에 반려견과 함께 몸소 경험해 보고 느껴보길 바랍니다. 이 책이 '개에 대한 것을 좀 더 알고 싶어!!' 라고 생각할 수 있는 기회가 되기를 바랍니다.

온 세상의 개와 주인이 서로를 이해하며 행복하게 살아가는 데에 한걸음 가까워질 수 있도록-개의 심리 행동 카운셀러로서 간절히 바라는 것은 어느 한쪽만이 행복한 게 아니라 **서로가 행복하게 지내는 것**입니다.

마지막으로 집필 중에 실제로 반려견을 키우는 분에게 질문 받은 것을 만화의 자료로 쓰거나 관서 사람만의 끝맺음을 생각하면서 감회 깊은 한 권을 만들었습니다. 저번과 마찬가지로 이 책의 간행에 힘써 주신 과학서적편집부 이시이 켄이치 씨, 일러스트레이터 호타티노 씨, 집필 중에 도와준 가족께 마음 깊이 감사드립니다.

2015년 1월 사토 에리나

CONTENTS

책을 시작하며 ... 3

제1장 개의 보디랭귀지를 알아보자 ... 9
- 01 어째서 말을 듣지 않을까? ... 10
- 02 개의 눈은 무엇을 보고 있는 걸까? ... 12
- 03 개는 무슨 냄새를 그렇게 열심히 맡을까? ... 14
- 04 개는 귀로 어떤 소리를 듣는 걸까? ... 16
- 05 왜 앞발을 내 무릎 위에 툭 올려두는 걸까? ... 20
- 06 머리를 내리고 엉덩이를 올리는 것의 의미는? ... 22
- 07 왜 예뻐해주는 데도 짖을까? ... 24
- 08 왜 집에 돌아오면 달려들어 입을 핥는 걸까? ... 26
- 09 꼬리를 흔들고 있었는데, 물렸다! ... 28
- 10 커뮤니케이션 방법은 견종에 따라 다른가? ... 30
- 11 개의 커뮤니케이션 능력은 어느 정도일까? ... 32
- 12 왜 핸드 시그널을 추천하는 걸까? ... 34
- **Column01** 개 아토피성 피부염이란? ... 36

제2장 개의 표정을 올바르게 이해하자 ... 37
- 13 커밍 시그널이란 무엇일까? ... 38
- 14 왜 혼내는데 하품을 할까? ... 42
- 15 왜 자신의 코를 핥는 걸까? ... 44
- 16 혼날 때 눈물을 흘리는 건 반성한다는 뜻일까? ... 46
- 17 우리 집 개가 웃는 것처럼 보인다? ... 48
- 18 화낼 때만 이를 드러내고 있을까? ... 50
- 19 혼내고 나면 반성하고 있는 듯 보이는데……. ... 52
- 20 편안할 때는 어떤 표정을 지을까? ... 54
- **Column02** 의외로 많은 개의 호르몬 질환 ... 56

제3장 개의 신기한 행동에 대해 알아보자 ... 57
- 21 개는 왜 하울링을 하는 걸까? ... 58
- 22 개는 왜 벌러덩 눕고는 하는 걸까? ... 62
- 23 개는 복종을 하면 말하는 것을 절대적으로 따를까? ... 66
- 24 왜 아기나 어린아이를 향해 짖는 걸까? ... 70
- 25 왜 TV를 좋아하는 개와 좋아하지 않는 개가 있을까? ... 74

개의 마음을 알 수 있는 67가지 비법

왜 어디서든 구멍을 파려고 하는 걸까? 어째서 항상 땅 냄새를 맡는 걸까?

사이언스아이 신서

26	어째서 어디서든지 구멍을 파려고 하는 걸까?	76
27	왜 자전거나 자동차를 보면 달려드는 걸까?	80
28	충견 하치는 정말로 '충견'이었을까?	82
29	왜 장난감을 물고 머리를 흔드는 걸까?	84
30	왜 대변이나 소변을 본 후 뒷발로 모래를 덮는 걸까?	86
31	왜 어린 강아지들끼리 마운팅을 하는 걸까?	88
32	왜 한쪽 다리를 들어서 전봇대에 소변을 볼까?	92
33	왜 항상 지면의 냄새를 맡는 걸까?	94
34	어째서 산책을 가기 싫어하는 개가 있는 걸까?	96
35	귀 뒤를 긁는 것에는 어떤 의미가 있을까?	98
Column03	개 암은 미리 예방하는 것이 중요하다	100

제4장 개를 키우는 사람이 느끼는 소박한 의문 ··· 101

36	개에게도 '반항기'가 있을까?	102
37	개는 자신을 사람이라고 생각할까?	106
38	개와 원숭이를 사이좋게 만드는 것은 가능할까?	110
39	집을 떠난 후 몇 년이 지나도 개는 기억하고 있을까?	112
40	개도 샴푸를 하면 기분이 좋을까?	116
41	개도 사람처럼 흉내를 낼까?	118
42	개에게 간식을 주면 안되는 걸까?	122
43	개는 목줄을 하기 싫어 할까?	126
Column04	인지증인 노견하고는 어떻게 생활할까?	128

SB Creative

CONTENTS

제5장 곤란한 행동을 하는 이유를 알자 ··· 129
- 44 쇼핑하고 돌아오면 방이 엉망진창! ··· 130
- 45 일부러 다리를 질질 끈다? 꾀병? ··· 132
- 46 곤란한 행동이 점점 늘어나는데…… ··· 134
- 47 간식이 없으면 말을 듣지 않아요 ··· 136
- 48 어째서 개는 '마구 짖음'을 할까? ··· 140
- 49 왜 리드 줄을 세게 당기는 걸까? ··· 144
- 50 왜 먹지 못하는 것을 먹는 걸까? ··· 146
- 51 개의 탐색계통은 무엇일까? ··· 150
- 52 갑자기 화장실에서 용변을 보지 않게 되었다 ··· 152
- **Column05** 개가 상처를 입었을 때, 상처를 입혔을 때 ··· 154

제6장 마음을 파악하여 능숙하게 가르치기 ··· 155
- 53 사람과 상하관계가 있을까? ··· 156
- 54 개 사이에서 상하 관계는 있을까? ··· 160
- 55 성견이 된 후에 가르치는 것은 무리일까? ··· 164
- 56 개의 성격은 어떻게 결정될까? ··· 166
- 57 '잡아 당기기 놀이'를 할 때 개가 이기게 해선 안 된다? ··· 168
- 58 어째서 혼내는데도 말을 듣지 않는 걸까 ··· 170
- 59 개에게 '상'이란 무엇일까? ··· 172
- **Column06** 반려인이 배웠으면 하는 두 가지 매너 ··· 174

제7장 개의 신체적 특징을 알자 ··· 175
- 60 개에게도 스트레스가 있을까? ··· 176
- 61 개에게도 기분 안 좋은 날이 있을까? ··· 178
- 62 가출 후에 근처 암컷 개가 있는 집에서 발견했는데, 발정기인 걸까? ··· 180
- 63 개도 잠잘 때 꿈을 꿀까? ··· 182
- 64 싫은 일이 있으면 바로 실례를 한다. 일부러 그러는 걸까? ··· 184
- 65 개의 선조는 늑대일까? ··· 188
- 66 개는 늑대의 어린아이 버전? ··· 192
- 67 '벨야에프의 실험'이란? ··· 194
- **Column07** 수의사와 행동 카운셀러가 연대한 영국 ··· 196

개의 보디랭귀지를 알아보자

개가 꼬리를 흔든다고 해서 꼭 기뻐하는 것은 아닙니다. '개를 좋아하는데 나를 경계한다'라는 분은 가까이 다가가는 방법에 문제가 있을지도 모릅니다. 이번 장에서는 개의 보디랭귀지로 마음 상태를 배워보도록 합시다.

01 어째서 말을 듣지 않을까?

'간식이 있을 때는 부르면 오는데…….'
'혼내도 말을 듣지 않아…….'
'자신이 서열이 더 높다고 생각해서 나를 물어…….'

당신은 위와 같은 말을 자주 하지 않나요?

혹시 그렇다면 그것은 개와 커뮤니케이션을 잘 하고 있지 못하다는 뜻일지도 모릅니다.

개라고 하는 동물은 사회성이 풍부하고 커뮤니케이션 능력이 매우 높습니다. 그러나 커뮤니케이션은 일방통행으로는 이루어지지 않지요.

서로가 상대에게 전하려고 하는 의사나 마음을 이해하기 시작하며 이루어지는 것입니다.

그러기 위해서는 일단 당신이 개의 마음을 알아주는 것이 먼저입니다. 하지만 그건 어떻게 하는 것일까요?

첫 번째는 **당신이 개의 습성이나 학습 방법을 이해하고 보디랭귀지와 표정을 읽어낼 수 있게 되는 것**입니다. 그러면 손바닥 보듯이 개의 마음을 알 수 있을 것입니다.

두 번째는 **당신이 개에게 자신의 마음을 전달하는 방법을 아는 것**입니다. 개의 공포를 이용해서 폭력이나 힘으로 굴복시켜서 말을 듣게 해도 그것은 커뮤니케이션이라고는 할 수 없지요.

개의 마음을 이해하고 당신의 의도가 개에게 전해질 때 처음으로 '개와 커뮤니케이션을 했다'라고 말할 수 있는 것입니다. 이렇게 개와 더욱 사이가 좋고 신뢰할 수 있는 주인은 개에게 있어서도 둘도 없는 소중한 존재가 될 것입니다.

제1장 강아지의 보디랭귀지를 알아보자

개의 눈은 무엇을 보고 있는 걸까?

개도 우리 인간과 마찬가지로 상대 개, 때로는 사람의 표정이나 자세를 보고 커뮤니케이션을 합니다. 개는 상대 개의 시선, 귀나 꼬리의 위치를 보고 상대의 상황이나 기분을 판단하고 싸움을 피하거나 보다 친해지기 위해 능숙하게 커뮤니케이션을 하고 있는 것입니다.

개는 상대 개의 표정, 즉 **눈, 귀, 입가의 움직임을 보고 커뮤니케이션을 하는 것**이지요. 일단 먼저 상대의 시선을 봅니다. 원래 개는 자신의 눈을 누군가 응시하는 것을 꺼립니다. 개가 상대의 눈을 가만히 쳐다보고 있을 때는 '가까이 오면 공격할 거야'라는 의미입니다. 그래서 우리가 무표정으로 개의 눈을 바라보거나 혼내면 눈을 피합니다. 이것은 상대에게 '적의가 없어'라고 공격할 마음이 없음을 전달하고 있는 것입니다.

귀나 꼬리의 위치도 개의 마음을 표현하는 바로미터입니다. 개는 공포를 느끼면 귀를 낮추고 꼬리를 엉덩이 밑으로 넣습니다. 입술을 뒤로 빼고 이빨을 드러내고 있습니다.

반대로 개가 자신만만하게 '그 이상 다가오면 공격해 버린다!'는 태세일 때는 꼬리는 위로 높이고 귀도 빳빳이 앞을 향해 세웁니다. 공포를 느낄 때와 마찬가지로 이빨을 드러내고 있으나 입술을 위로 젖혀서 코 위에 주름이 잡힙니다.

가끔 '갑자기 개에게 물렸다'고 호소하는 주인이 있습니다. 하지만 공격하려고 하는 개는 대부분 **어떠한 보디랭귀지를 나타내고 있을 것**입니다. 개의 보디랭귀지를 잘 읽어내 주세요.

단, '가까이 오면 공격할 거야!' 하고 적극적인 공격 태세가 아니라고 해서 공포를 느끼는 개에게 불필요하게 가까이 가면, 궁지에 몰려

방어적 공격을 하는 경우도 있기 때문에 무리하게 가까이 가는 것은 금물입니다.

친화 행동
놀자는 인사
- 귀를 세우고 있다.
- 눈을 깜빡인다.
- 입을 벌리고 혀를 핵핵거린다.

상반
친화 행동 + 달래기 행동
- 꼬리는 위로 너무 올리지도, 아래로 너무 내리지도 않은 위치.
- 차분하게 꼬리를 흔들며 자연스러운 상태.

릴렉스
- 차분한 입매.
- 귀는 세우고, 꼬리는 편안하게 하고 있다.

상반감정
친화 행동 + 적대 행동
- 몸이 앞으로 기울어져 있다.
- 귀가 앞을 향한다.
- 코 위에 주름이 잡힌다.
- 입술이 위로 올라가 이빨을 앞으로 드러낸다.
- 꼬리를 위로 높이 치켜 세운다.

적극적인 공격태세

방어 공격태세
- 꼬리를 말고 있다.
- 동공이 커진다.
- 귀는 뒤로 가 있다.
- 등의 털이 곤두선다.
- 몸을 낮춘다.
- 입술을 뒤로 빼고 이빨을 보인다.

능동적인 복종
- 몸은 U자로 굽어져 있다.
- 귀를 뒤로 젖힌다.
- 꼬리를 아래로 내린다. (엉덩이 밑에 말아 넣는다) 천천히 흔들 때도 있음.

수동적인 복종
- 뒤집어져 배를 보인다.
- 이런 자세라면 발 사이에 꼬리를 말아 넣는다.
- 오줌을 지리는 경우도 있다.

개는 무슨 냄새를 그렇게 열심히 맡을까?

개의 후각은 냄새의 종류에 따라 다르지만 사람의 후각보다 최대 1억배나 뛰어난, 개의 몸에서 매우 발달되어 있는 부분입니다. 개의 후각은 옛날부터 사냥감을 탐색하기 위해, 번식을 위해, 그리고 싸움을 피하기 위한 커뮤니케이션에 이용하는 중요한 역할을 맡아 왔습니다.

개는 배설물(소변, 대변)의 냄새 외에도 항문의 분비물이나 몸 냄새를 후각을 이용하여 커뮤니케이션 수단으로서 사용합니다.

개가 처음 보는 개, 혹은 친한 개와 만났을 때 서로 엉덩이나 얼굴 주변의 냄새를 맡는 모습을 볼 수 있을 것입니다. 이것은 냄새를 맡아서 **상대의 성별이나 연령, 기분, 상태를 알아내는 정보 수집을 하고 있는 것**입니다. 이러한 일련의 행동을 거치면 개들은 같이 놀거나 그 장소를 떠나거나 합니다.

이때 '인사 하세요' 하고 주인이 무리하게 개에게 냄새를 맡게 하는 것이 아니라 개의 페이스에 맞춰서 다정하게 기다려 주세요.

또한 산책 중간에 전봇대나 풀숲 등 다른 개가 소변을 눈 장소의 냄새를 맡는 것도 정보 수집을 하는 것입니다.

'집 마당에 개를 풀어 놓아서 충분히 운동을 하고 있기 때문에 산책은 필요 없지 않을까요?'라고 묻는 분이 있습니다. 아니요, 그것은 틀립니다. 산책은 운동만이 아니라 개에게 있어서 정보 수집이라고 하는 즐거움이기도 합니다. 그만큼 산책은 개에게 필수적입니다.

제1장 강아지의 보디랭귀지를 알아보자

어째서 저렇게 열심히 냄새를 맡는 걸까?

마킹의 흔적은 문자메시지 같은 것이기 때문이에요.

문자메시지?

제목 : 처음 뵙겠습니다.

내용

최근에 이사왔습니다.
건강한 수컷 개입니다.
2살이에요.

from 타로

쿵 쿵

제목 : 꽃미남입니다.

내용

3살. 수컷. 여친 모집 중

from 코우타

그렇구나...

냄새를 맡는 건 의미가 있는 행동이었구나.

앗, 답장했다!

개는 귀로 어떤 소리를 듣는 걸까?

개는 시각을 이용해서 커뮤니케이션을 한다(02), 후각을 이용해서 커뮤니케이션을 한다(03)고 설명했습니다. 하지만 그 외에도 짖거나 울거나 청각을 이용한 커뮤니케이션도 합니다.

개와 살아본 경험이 있는 사람은 이미 알아차렸을 것이라고 생각하는데요. 개의 짖는 방법 또한 다양합니다. 공포나 아픔을 느낄 때는 높은 소리로 웁니다. 분노나 경고를 표현할 때는 '우~' 하고 낮은 소리로 짖습니다.

짖는 속도는 개의 흥분도를 나타냅니다. 흥분한 상태에서는 빠른 스피드로 짖습니다. 예를 들면 모르는 사람이 집에 다가올 때 등에는 '침입자다! 저리가!' 하면서 멍멍 짖습니다.

개의 청력은 사람의 귀로는 들리지 않는 먼 소리를 들을 수 있을 정도로 사람보다 몇 배나 뛰어납니다. 그러나 사람이 이야기하는 내용을 듣는 능력은 사람만큼 뛰어나지 않습니다. 개가 사람의 말을 이해하는 것에는 **말소리보다도 소리의 가락(톤)이 중요**합니다.

🐾 낮은 소리로 혼내고 높은 소리로 칭찬하자

'이리와'라는 말을 예로 들어봅시다. 만약 '이리와'를 개의 으르렁 소리와 비슷한 낮은 소리로 말하면 개는 겁을 먹습니다. 반대로 높은 소리로 즐겁게 '이리와'라고 하면 개는 흥미를 보이며 다가옵니다.

이렇게 소리의 가락을 이용하여 '하면 안 되는 것을 했을 때는 낮은 소리로', '칭찬할 때는 높은 소리로' 구분하여 사용하면 보다 능숙하게 반려견과 커뮤니케이션을 할 수 있습니다.

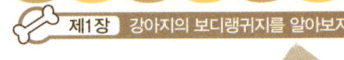

부르는 법에도 요령이 있습니다.

잘못된 예 ①

🐾 낮은 소리로 **이리와** 라고 한다.

개는 낮은 소리를 무서워합니다.

잘못된 예 ②

🐾 부르는 방법이 제멋대로이다.

이리와. / 이쪽으로 오세요. / Come

부르는 법에 통일성이 없으면 개는 헷갈려 합니다.

잘못된 예 ③

🐾 이리와-, 이리오면 간식 줄게. 착하지~ 이리와~

라고 말한다.

너무 길어서 개는 이해하지 못합니다.

앞서 말했듯이 개는 말의 내용을 분간하는 능력이 사람만큼 뛰어나지는 않습니다. 예를 들면 '앉아'를 시킬 때 '좀 앉아! 앉아! 왜 못하는 거야? 봐봐 앉아!'라고 사람에게 말하듯 하는 사람도 있습니다. 그러나 개는 이렇게 긴 말을 이해하지 못합니다.

오히려 확실히 '앉아'라고 말하는 편이 개에게 쉽게 전달됩니다. 또 '앉아'라면 '앉아', '앉아줘'라면 '앉아줘' 라고 통일성을 가지는 것이 좋습니다.

또한 개가 앉지 않는다고 해서 '앉아, 앉아, 앉아!' 하며 몇 번이고 반복하면 개는 '앉는 것 = 앉아×3'이라고 이해해 버립니다. 앉게 하고 싶을 때는 엄하게 말할 필요는 없지만 단호하게 한마디로 '앉아'라고 하는 것이 기본입니다.

'앉아' 명령은 '확실히' '한 번만' 말하는 것이 효과적이다.

왜 앞발을 내 무릎 위에 툭 올려두는 걸까?

소파에 앉아서 TV를 보고 있으면 개가 무릎 위에 앞발을 툭 올려둡니다. 그리고는 반짝거리는 눈으로 바라보곤 하지요.

이것은 어떤 의미일까요?

개들끼리 놀 때, 상대의 몸이나 얼굴에 앞발을 놓는 행동을 볼 수 있습니다. 이 행위는 일반적으로 '우위성을 과시하는 행동'이라고 여겨지는 경우가 많습니다.

그렇기 때문에 개가 앞발을 주인의 무릎 위에 놓는 행동을 '자신이 사람보다 더 위라고 생각하는 증거' 등으로 착각하는 사람들이 많습니다.

그러나 개의 이 행위는 '저기, 저기, 여기 봐봐'. '쓰다듬어 줘!'라는 의미입니다.

이 행위를 하는 개는 아마도 과거에 주인의 무릎 위에 앞발을 두면 '먹고 있던 간식을 주었다', '쓰다듬어 주었다'. '놀아 주었다'는 경험을 가지고 있을 것입니다. 개는 주인의 무릎에 앞발을 올려두면 자신에게 '무슨 일이야?'라며 신경 써주면서 주목해 준다는 것을 기억하고 있는 것입니다.

그렇기 때문에 반려견이 무릎에 앞발을 둘 때는 **당신에게 무언가를 부탁하고 있을 때**라고 할 수 있습니다.

무릎에 앞발을 놓기만 하는 게 아니고 '신문을 읽고 있으면 왜인지 일부러 신문 위에 앉아서 편히 쉰다', '컴퓨터를 쓰고 있으면 키보드 위에 올라온다' 등의 행동을 하는 개도 마찬가지입니다.

개는 이런 행동을 통해 주인의 주목을 끌 수 있다는 것을 알고 있는 것이지요.

제1장 강아지의 보디랭귀지를 알아보자

06 머리를 내리고 엉덩이를 올리는 것의 의미는?

개가 장난감을 물고 휘두르며 당신이 있는 곳에 다가온다면 상체를 낮추고 엉덩이를 올리는 이상한 자세를 하고 있는 상태일 것입니다. 이쪽을 가만히 보고는 움직이지 않지요.

이것은 화가 난 것일까요? 혹시 공격 태세에 돌입한 것일까요?

아닙니다. 사실은 이것은 **놀이 인사(play bow)**라고 불리는 자세입니다. '같이 놀자!'라는 **놀고 싶은 마음을 표현하고 있는 것**이지요. 이 때 차츰 꼬리는 위로 올라가고 좌우로 흔듭니다. 재채기를 하거나, '놀자!'라는 의미를 담아 짖기도 합니다.

이 자세는 사람에게만이 아니라 개들의 놀이에서도 자주 볼 수 있습니다. 놀이 인사를 할 때는 상대 개도 같은 자세를 취하고 눈을 깜빡이면서 바라보며 잠시 정지한 뒤 움직이기 시작합니다. 마치 사람의 술래잡기 같지요.

단, 놀이 인사처럼 꼬리를 높이 올려 앞으로 몸을 기울여도 그것이 경우에 따라서는 적극적인 공격 태세일 가능성도 있습니다.

입매를 보면 구별하기 쉽습니다. 놀이 인사는 입을 다물고 있거나 느슨하게 벌리고 있습니다. 하지만 공격 태세일 때는 코 위로 주름이 잡혀 이를 드러내고 있지요.

'이 이상 다가오면 공격한다!'라는 의미를 '놀자고 하는 거지?'라고 잘못 해석하여 마구 다가가면 공격 당하기 때문에 잘 관찰해야 합니다.

왜 예뻐해주는 데도 짖는 걸까?

개를 발견하면 '귀여워!' 하고 큰 소리를 내며 다가가 개의 얼굴을 바라보면서 마구 쓰다듬으려고 합니다. 하지만 이 행동은 개에게 있어서 조금 무서운 것이기도 합니다. 왜일까요?

두 가지 이유가 있습니다.

일단 사람이 개가 있는 곳으로 곧바로 달려가는 행동부터 생각해 봅시다. 사교적인 개는 다른 개와 만나도 능숙하게 커뮤니케이션을 합니다. 눈앞의 개에게 갑자기 곧바로 달려들지 않고 옆에서부터 돌아서 접근하여 엉덩이의 냄새를 맡고 인사를 합니다. 개는 **곧바로 다가오면 '웬 놈이야?'라고 약간 경계하게 됩니다.**

다음으로는 개의 얼굴을 쳐다보며 머리를 쓰다듬는 행동을 생각해 봅시다. 개에게 있어서 상대 개의 눈을 가만히 쳐다보는 것은 도전적 행위입니다. 그렇기 때문에 사교적인 개는 다른 개에게 다가갈 때 눈을 피하면서 가까이 갑니다. 반대로 위협, 공격 태세에 돌입한 때에는 체중을 앞으로 실은 기울어진 자세가 됩니다. 개의 입장에서는 빤히 쳐다보는 것은 **위협적인 태세**이기 때문에 무서워하는 것입니다. 게다가 머리 위로 손을 올리면 때리는 것으로 오해하여 경계합니다.

개와 사이가 좋아지려면 개들이 하는 것처럼 빙 둘러서 천천히 몸의 옆쪽으로 다가가 자신의 냄새를 맡게 하여 인사를 하고, 머리부터가 아닌 턱 밑이나 등부터 부드럽게 쓰다듬어 주세요.

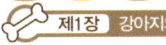

제1장 강아지의 보디랭귀지를 알아보자

"선생님 제가 다가가면 개는 저를 보고 항상 짖어요…"

"어떻게 다가가나요?"

"어떻게……"

"귀여우니까 눈을 쳐다보면서 달려든 다음에 예쁜 얼굴을 바라보며 머리를 쓰다듬어 줘요. ♥"

"아 그거 최악이에요."

최　　　악 ?

"그러니까 만약 자신이 개라면 자신보다 몇 배나 큰 생물이 갑자기 접근해서 붙잡고 갑자기 머리를 마구 쓰다듬어 대면 무섭지 않을까요?"

"귀여워 흐흐"

"확실히 그렇네요…"

"개에게 다가갈 때는 낮은 자세에서 천천히 다가가 자신의 냄새를 맡게 하며 부드럽게 만져주는 것이 요령입니다."

왜 집에 돌아오면 달려들어 입을 핥는 걸까?

주인이 집에 돌아오면 개가 전력질주로 달려와 입이나 얼굴을 할짝할짝 핥는 행동의 이유 중 하나는 개의 습성 때문입니다.

개의 아종인 늑대는 새끼 늑대가 어미 늑대의 입 주변을 핥아서 먹이를 토해낸 것을 받아 먹습니다.

그러나 주인에게 이러한 행동을 할 때에는 먹이를 원하는 것이 아닌 어리광을 부리고 있다는 증거입니다. 바로 **주인을 어미 늑대로 여기는 것**입니다.

또한 당신의 반려견이 장난 치는 것을 혼낼 때 가까이 다가와 당신의 입 주변을 할짝할짝 핥는 경우가 있지 않나요?

개는 싸움을 피하기 위해 **상대의 입가를 핥아서 상대를 달래는 행동**을 합니다. 이런 경우 혼난 개는 '미안해 화내지마'라고 표현하고 있는 거랍니다.

확실히 얼굴이나 입을 핥는 것이 꺼려질 수도 있지만 모처럼 애정표현을 하는데 거부만 한다면 반려견이 조금 무안하겠지요.

받아주는 게 도무지 힘들다면 '입을 핥는다'는 애정표현 대신 할 수 있는 표현을 가르쳐주고 많이 쓰다듬어 주세요. 예를 들면 '주인이 돌아왔을 때 앉아 있으면 엄청나게 칭찬해준다'는 것을 가르쳐 주는 것입니다. 이것이 학습되면 주인이 귀가했을 때 달려들지 않게 되고 개도 사랑하는 주인이 자신을 쓰다듬어 주어 매우 만족할 것입니다.

09 꼬리를 흔들고 있었는데, 물렸다!

'개가 꼬리를 흔들 때는 기뻐하고 있는 것. 그건 상식 아닌가?'라고 많은 사람들이 생각할 것입니다.

하지만 아쉽게도 그것은 틀렸습니다. 이런 오해로 인해 반려견에게 함부로 다가갔다가 물린 사람들을 많이 봐왔습니다.

개가 꼬리를 흔들고 있다고 해서 항상 기뻐하는 것이라고는 할 수 없습니다. 개는 기뻐할 때만이 아니라 **흥분하고 있을 때나 화가 났을 때도 꼬리를 흔듭니다.**

다만 꼬리를 흔드는 방법이나 위치가 기뻐할 때나 즐거울 때와는 다릅니다. 기뻐할 때 개는 꼬리를 엉덩이 아래도 아닌, 그렇다고 그렇게 높지도 않은 위치에서 크게 좌우로 흔듭니다.

그러나 흥분하거나 적극적인 공격 태세에 돌입한 개는 꼬리를 자신이 크게 보이도록 털을 바짝 세우고 높게 치켜듭니다.

이때 꼬리를 빳빳하게 세우고 있는 경우도 있으며 좌우로 흔들거나 빠르게 조금씩 흔드는 경우도 있습니다.

이처럼 '기뻐서 꼬리를 흔들기 때문에 만져도 괜찮아'라고 오해하여 흥분한 상태의 개에게 마구 다가가서 물리기도 하는 것입니다.

공격 태세에 들어간 개는 즐거운 듯이 꼬리를 흔들고 있어도 상대의 눈을 똑바로 쳐다보며 몸은 앞으로 기울이고 있습니다. 개의 꼬리만이 아니라 **자세나 시선**도 주의해서 관찰한다면 개의 마음을 알아낼 수 있습니다.

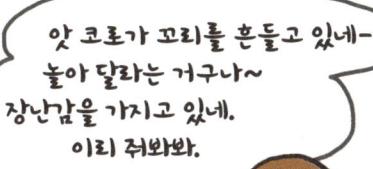

커뮤니케이션 방법은 견종에 따라 다른가?

사람은 각자의 목적을 위해 긴 세월에 걸쳐 개를 개량해 왔습니다. 그래서 개라는 한 단어로 표현한다고 해도 그 종류는 다종다양합니다. 현재 일본의 재팬 케넬클럽Japan Kennel Club에는 146종이, 영국 더 케넬 클럽The Kennel Club에는 196종이 등록되어 있습니다. 그들은 성격, 성질, 외모도 모두 가지각색입니다.

그 중에는 보디랭귀지를 읽어내기에 조금 고생스러운 견종도 있습니다. 예를 들면 꼬리나 머즐muzzle(코와 주둥이 부분)이 짧은 프렌치 불독, 꼬리가 짧고 털이 덥수룩해 표정을 알 수 없는 올드 잉글리시 쉽독Old English sheepdog 등이 그렇습니다.

여기에 한 가지 흥미 깊은 실험이 하나 있습니다. 여러 종류의 개가 함께 있을 때 견종에 따라 커뮤니케이션의 차이를 발견했다고 합니다. 싸움이 일어날 듯한 상황에서 늑대의 외모와 가까운 셰퍼드, 시베리안 허스키는 늑대에게서 볼 수 있는 행동(억제된 깨물기, 상대의 입 핥기 등)을 취하는 경향이 있는 반면, 카바리에 킹 찰스 스파니엘Cavalier King Charles Spaniel이나 프렌치 불독에게서는 늑대같은 행동이 거의 보이지 않았습니다.

어째서 늑대같이 명확한 보디랭귀지를 나타내지 않는 것일까요? 왜냐하면 보디랭귀지를 해도 알아보기 힘들기 때문입니다. **짧은 꼬리나 머즐, 아래로 늘어진 귀로 마음 상태를 읽어 내는 것은 곤란**합니다. 원래 싸움 중에 생존을 위협받을 수 있는 치명적인 상처를 입지 않기 위해 늑대가 사용하는 보디랭귀지는 가축화된 개에게 그다지 필요하지 않았을 것이라고 추측됩니다.

개의 커뮤니케이션 능력은 어느 정도일까?

사회성을 가진 동물로서 개는 매우 고도의 커뮤니케이션 능력을 갖추고 있습니다. 특히 개와 인간 사이의 커뮤니케이션 능력은 지능이 높은 원숭이를 능가할 정도입니다.

개의 뛰어난 커뮤니케이션 능력을 밝혀낸 실험이 있습니다. 일단 속이 보이지 않고 냄새도 나지 않는 두 개의 상자를 준비합니다. 이 두 개의 상자 중 하나에 먹을 것을 넣습니다. 물론 개에게 보여주지 않고 말이지요.

계속해서 실험자가 먹을 것을 넣은 상자 쪽으로 손가락을 가리키거나 그 상자 쪽으로 몸을 움직여서 알려줍니다. 그러면 **개는 지능이 높은 침팬지보다도 더 빨리 먹을 것이 들어있는 상자가 무엇인지 안다고** 합니다.

이처럼 개는 사람의 손가락 방향이나 몸의 움직임을 보고 판단할 수 있지요. 그렇다면 이 흥미로운 실험을 조금 더 계속해 보겠습니다.

앞의 실험에 연속해서 실험자가 상자를 가지고 흔듭니다. 당연히 먹을 것이 들어있는 상자는 소리가 납니다. 그러면 침팬지는 소리가 나는(먹을 것이 들어있는) 상자를 선택합니다. 상자를 흔들어 소리가 나지 않는 경우에는 다른 상자를 선택합니다.

그러나 개는 사람이 흔든 상자에서 소리가 나든 나지 않든 사람이 흔든 상자를 선택합니다. '개는 음식의 소리를 단서로 사용하지 않는 것은 아닐까?'라는 의문도 듭니다. 하지만 개에게 상자 안을 보여줘도 역시 사람이 선택한 상자를 고릅니다.

이것은 그만큼 **사람의 행동을 관찰하며 사람을 신뢰하고 있다는 증거**입니다. 그 정도로 개와 사람 사이의 커뮤니케이션 능력이 뛰어나다는 것이지요.

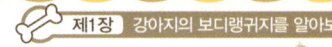

개는 사람의 보디랭귀지를 이해하는 능력이 뛰어납니다.

개는 사람의 행동을 믿고 판단합니다.

왜 핸드 시그널을 추천하는 걸까?

사람과 개는 시각을 통해서 손을 이용한 핸드 시그널로 커뮤니케이션을 합니다. 주로 시각을 이용하여 커뮤니케이션을 하는 개들에게는 오히려 사람이 하는 말보다 핸드 시그널이 더 전달되기 쉽습니다. '앉아', '엎드려', '기다려' 같은 명령도 말로 하지 않아도 핸드 시그널만으로 가르칠 수 있습니다.

핸드 시그널의 매력은 **주인이 먼 곳에 있어도, 목소리가 들리지 않는 시끄러운 반려견 놀이터 등에서도 커뮤니케이션을 할 수 있다는 점**입니다. 핸드 시그널을 이해하면 반려견이 나이를 먹어서 귀가 잘 들리지 않게 되어도 커뮤니케이션을 할 수 있다는 점도 큰 장점입니다.

왜 이런 일이 가능한가 하면, 개는 **삼항수반성**이라는 3스텝으로 무언가를 배울 수 있기 때문입니다. 삼항수반성이란 **①자극(계기) → ②반응 → ③결과라는 연쇄**를 말합니다. 이 연쇄를 이용하여 핸드 시그널을 ①의 자극으로 만드는 것입니다.

그러면 핸드 시그널을 가르치는 법에 대해 설명해 보도록 하겠습니다. 개에게 '앉아'를 가르칠 때를 생각해 봅시다. 일단 개에게 간식을 핥게 하면서 그 손을 활을 그리듯이 개의 입 주변부터 머리 위로 가져갑니다. 개가 앉는 것과 동시에 손의 간식을 줍니다. 이것으로 개는 ①밑에서 위로 손을 움직인다(계기) → ②앉는다 → ③간식을 얻는다(좋은 일이 생긴다)라는 3스텝을 통해 '앉아'를 학습합니다.

이미 '앉아'를 할 수 있는 개라면 '앉아'라는 말과 동시에 손을 밑에서 위로 움직여 보세요. 그럼 개는 '앉아'라고 하는 단어와 손의 움직임을 연결시킵니다. 그렇게 되면 손을 아래에서 위로 올리면 앉게 되는 것이지요.

제1장 강아지의 보디랭귀지를 알아보자

왜 핸드 시그널이 좋은 걸까?
소리로 전달하는 게 낫지 않을까?

장점 중 하나는 개가 시끄러운 반려견 놀이터나 주인에게서 먼 곳에 있어도 지시를 전달받을 수 있다는 점입니다.

또 한 가지는 나이를 먹어서 귀가 잘 들리지 않아도 지시를 전달받을 수 있다는 점이지요.

그렇구나…
너 뭐 하는 거야!!

뭐 이쪽을 보고 있지 않으면 소용없긴 하지만…

35

개 아토피성 피부염이란?

쿠와바라 마사토(일본대학교 생물자원과학부 수의학과 준교수)

현대사회에서는 열 마리에 한 마리 꼴로 개가 아토피성 피부염을 가지고 있다고 합니다. 아토피성 피부염의 증상은 건조한 피부에 의한 가려움입니다. 때문에 개는 자신의 몸을 핥거나 할퀴어서 털이 뽑히거나 피부가 빨갛게 되기도 합니다. 지루성습진(피부가 기름지게 되는 피부염)이 함께 나타나거나 표재성농피증(세균 감염으로 피부가 축축한 상태가 되는 것)이 있는 경우는 건조한 피부가 감춰질 수 있기 때문에 주의가 필요합니다.

최근 아토피성 피부염은 사람과 마찬가지로 **필라그린이라고 하는 보습 유전자가 없는 것(결손)이 원인**으로 밝혀졌습니다. 이 결손에 의해 건조한 피부가 되어버리고 맙니다. 그래서 면역이 알레르겐(항원 : 몸이 반응하는 이물)에 대해 과도하게 작용하여 가려움을 발생시키는 것입니다. 알레르겐은 꽃가루, 집먼지진드기, 곰팡이, 진드기, 벼룩 등 우리 주변에서 흔히 접할 수 있는 것들입니다. 아토피성 피부염이 잘 나타나는 견종에는 시바견, 시추, 프렌치 불독 등이 있습니다. 하지만 앞서 말했듯이 필라그린 결손으로 피부가 약한 개에게 잘 나타납니다.

아토피성 피부염의 치료법은 스테로이드제에 의존하지 않는 **아토피 스텝 요법** 등의 면역요법, 면역억제제 사용, 바르는 약으로는 프로토픽 연고 등을 사용합니다. 요즘은 개의 필라그린을 늘리는 약제(서플리먼트)가 주목 받고 있습니다. 개가 몸을 너무 긁는다면 일단 개 필라그린 검사로 아토피성 피부염인지를 알아보는 것이 중요합니다. 또한 면역 작용을 담당하는 헬퍼-T 세포(Th세포)의 Th검사를 받고 주치의 선생님과 제대로 된 치료 방침을 세우도록 합시다.

※쿠와바라 마사토 선생님은 2014년 9월에 서거하셨습니다. 마음 깊이 애도를 표합니다.

개의 표정을 올바르게 이해하자

개가 이를 드러내고 있다고 해서 화가 난 것이라고는 할 수 없습니다. 하품을 한다고 해서 꼭 졸린 것만은 아닙니다. 표정의 진짜 의미를 알고 곰곰이 관찰해보면 개의 마음을 손바닥 보듯 알 수 있을 것입니다.

커밍 시그널이란 무엇일까?

　커밍 시그널이라는 말을 들어본 적이 있나요? 야생 늑대들은 싸움이 일어나려고 할 때 **컷오프 시그널**이라는 표정과 행동을 취합니다. 영어 단어 cut off에는 '멈추다, 중단하다'라는 의미가 있습니다. 야생 늑대들은 이 컷오프 시그널을 이용하여 공격을 중지하여, 치명적인 부상을 입을 수 있을 만큼 심각한 싸움이 일어나지 않도록 합니다.

　개도 늑대의 컷오프 시그널과 비슷한 표정과 행동을 취합니다. 그러나 이것은 늑대가 싸움을 피하기 위해 '멈추다, 중단하다'라는 의미를 담아 사용하는 컷오프 시그널과는 달리 '예방'을 위해 쓰입니다.

　그래서 현재에는 국제적인 개 트레이너로 활약하고 있는 투리드 루가스에 의해 커밍 시그널이라고 불리게 되었습니다.

　늑대보다도 사회성이 뛰어난 개는 싸움이 일어날 것 같은 상황만이 아니라 자기 자신이 불안하거나 스트레스를 받을 때, 흥분한 상대를 진정시킬 때, 상황이 악화되지 않도록 할 때에 커밍 시그널을 사용합니다. 즉 커밍 시그널은 **개가 당신에게 보내는 메시지**라고 할 수 있지요. 앉는 연습을 하고 싶은데 갑자기 주인이 '앉아! 앉아!'라고 흥분하게 되면 개는 '이것 참 곤란한데…….'라고 생각합니다. 개의 커밍 시그널이나 표정을 알면 반려견의 마음을 이해할 수 있고, 반려견도 자신의 마음을 알아주는 주인과 있다면 보다 좋은 관계를 만들어 갈 수 있을 것입니다.

개의 커밍 시그널에 주목하세요. 조금 곤란해 하고 있지요. 개의 마음을 배려하면서 즐겁게 트레이닝 합시다.

커밍 시그널 1

✅ **코를 핥는다.**
긴장. 자신을 진정시키려 하고 있다.

✅ **지면의 냄새를 맡는다.**
흥분, 불안을 억제. 자신을 진정시키고 있다.

✅ **귀 뒤(몸)을 긁는다.**
긴장을 완화시키고 있다.

제2장 강아지의 표정을 올바르게 이해하자

커밍 시그널 2

☑ 눈을 가늘게 뜬다, 눈을 깜빡인다. ☑ 몸이나 얼굴을 돌린다.

상대에게 적의가 없음을 전달한다.

☑ 몸을 턴다. ☑ 흥분 상태의 개체(개) 사이에 끼어든다.

긴장을 풀고 있다.   상대를 진정시키고 있다.

왜 혼내는데 하품을 할까?

짓궂은 장난을 한 반려견을 혼내면 하품을 하거나 뒤를 쳐다보며 무시하는 것 같은 행동을 합니다. '그 태도는 뭐야!', '혼나고 있는데 하품을 하다니, 날 얕보는거야?'라는 생각이 들어 더욱 화를 내는 사람도 많습니다.

그러나 이 하품은 주인을 우습게 여겨서 하는 행동이 아닙니다. 하품은 '곤란하다', '자자 진정해'라는 의미의 표시입니다. 개가 혼날 때 하품을 하는 것은 심심하거나 졸려서가 아니라 흥분한 상대 앞에서 조금 무섭거나 불안한 마음을 가지고 있기 때문입니다. 개는 하품을 하여 상대를 진정시키려고 하는 것입니다.

예를 들면 장난을 쳐서 잔뜩 화가 나 있는 주인을 앞에 두고 '곤란하네. 어떡하지….'라고 생각하는 상황이나 몇 번씩이나 '엎드려! 엎드려!' 하고 지시를 받고는 '잠깐만 진정해~'라는 상황에서 자주 볼 수 있습니다. 물론 하품은 놀이가 격해졌을 때 등에서 개들끼리 사용하는 커뮤니케이션이기도 합니다.

개가 상대의 기분을 진정시키려고 하는 행동은 이 외에도 있습니다. 예를 들면 흥분상태인 둘 사이에 끼어 들거나 상대에게서 몸을 휙 돌리거나 하는 것으로 싸움을 피하고 상대를 진정시키려고 합니다. 이처럼 개는 굉장한 평화주의자입니다.

만약 당신이 지금 당장이라도 달려들 것만 같은 개와 만나면 하품을 하거나 등을 보여주면 개를 조금 안심시킬 수 있을 것입니다.

제2장 강아지의 표정을 올바르게 이해하자

왜 자신의 코를 핥는 걸까?

개가 자기 코를 핥는 것을 본 적이 있나요? 이런 행동도 커밍 시그널 중의 하나 입니다.

어린아이나 개에게 익숙하지 않은 사람이 무리하게 개를 안으려 하거나, 모르는 개가 곧장 다가올 때 개는 자신의 코를 핥습니다. 개는 이런 상황에서 긴장감이나 불안감을 느끼기 때문에 **자신의 코를 핥으며 스스로를 진정시키려고 하는 것**입니다. 또한 목욕 시켜줄 때, 혼나고 있을 때, 약간 무서워서 긴장하고 있을 때도 코를 핥는 모습을 볼 수 있지요.

코를 핥는 행동을 본 주인이 그 모습이 귀여운 나머지 간식을 주게 되면 '코를 핥는다' → '간식'이라고 학습되어 버리는 경우도 있습니다. 지금까지는 간식을 앞에 두고 두근두근 거리는 긴장감을 느껴 코를 핥아 스스로 진정시키는 의미였지만, '코를 핥는다' → '간식을 먹는다'로 학습 되어버리면 자기 코를 핥아대게 됩니다.

또한 일반적으로 건강한 개의 코는 잠에서 깨었을 때나 병에 걸렸을 때를 빼고는 축축한 상태를 유지합니다. 사람과는 달리 감기에 걸려 콧물을 흘리는 것이 아니지요. 개와 살고 있는 사람이라면 개가 공기 중을 킁킁거리며 냄새를 맡는 모습을 본 적이 있을 것입니다. **젖은 코는 풍향을 감지해서 냄새가 나는 방향을 알아내는 역할**도 하고 있습니다. 후각이 뛰어난 견종으로는 사냥감의 냄새를 추적하여 사냥을 하는 세인트 하운드(비글, 바셋하운드), 그 중에서도 블러드 하운드의 후각이 제일 뛰어납니다.

제2장 강아지의 표정을 올바르게 이해하자

사람은 멋쩍을 때나 쑥스러울 때 혀를 내밀기도 합니다.

개의 코 핥기는 잔뜩 흥분했을 때나 불안감을 느낄 때에 마음을 안정시키기 위해 자주 하는 행동 입니다.

예를 들면 어린이나 모르는 사람이 마구 안거나 갑자기 모르는 개가 접근하여 긴장했을 때 코를 핥습니다.

……이것은 「코를 핥는다 → 간식」이라고 학습되어 버린 예입니다.

혼날 때 눈물을 흘리는 건 반성한다는 뜻일까?

개가 짓궂은 장난을 해서 주인이 혼내면 개는 또르르 눈물을 흘릴 때가 있습니다. 개도 사람과 마찬가지로 슬프면 눈물을 흘리는 것일까요? 물론 개에게도 '슬프다'는 감정은 있습니다. 주인과 멀리 떨어지거나 함께 살던 개가 죽으면 개도 사람과 똑같이 슬픔을 느낍니다.

그러나 개는 슬프다고 해서 눈물을 흘리지는 않습니다. 이런 경우에는 주인에게 혼나서 긴장한 개가 눈을 깜빡이지 않고 있기 때문에 눈물이 또르르 흐르는 것입니다. 사람도 눈을 깜빡이지 않고 계속 눈을 뜨고 있으면 눈물이 흐르지요. 개도 긴장하면 눈을 깜빡이는 횟수가 줄어듭니다*. 그래서 눈이 건조해지는 것을 방지하기 위해 눈물이 나오는 것입니다.

또한 눈에 먼지가 들어가면 눈물이 나와 눈에서 먼지를 내보내는 경우도 있습니다. 즉 슬프다고 눈물을 흘리는 게 아니라 생리 현상 중 하나인 것입니다.

특히 눈이 비교적 앞으로 돌출되어 있는 치와와 퍼그는 다른 견종에 비해 이러한 의미로 '울보'이지요.

단, 눈물의 양이 늘어나거나 눈물을 흘리는 상태가 계속되면 각막에 염증이 생겼다거나 알레르기 혹은 눈 질환일 수도 있기 때문에 동물 병원에 가서 상담을 받아보도록 하세요.

참고로 개가 슬플 때에는 킁킁거리며 울거나(일시적으로), 밥을 먹지 않거나, 놀지 않거나 항상 무언가 두려운 것처럼 불안한 모습을 보입니다. 장기적으로 지속되면 침울상태라고 표현합니다.

※ 개는 화가 나있거나 공격적인 개와 만났을 때 긴장하여 눈을 깜빡이는 횟수가 늘어나는 경우도 있다. 이것은 눈을 깜빡여서 시선이 마주치는 것을 피하기 위해서이다. 본문의 내용과는 반대되지만, 이 또한 자주 보이는 커밍 시그널 중 하나이다.

우리 집 개가 웃는 것처럼 보인다?

사람은 누군가 재미있는 농담을 하거나 즐거운 일이 있으면 웃습니다. 개에게도 '즐겁다', '기쁘다'라고 하는 감정은 있습니다. 그러나 사람처럼 재미있는 일이 생겼다고 웃지는 않습니다.

개가 좋아하는 사람과 만났을 때나 개들끼리 놀 때의 표정을 관찰해보면 **귀는 뒤로 내려가고 입은 부드럽게 벌리고 있어서 마치 웃고 있는 듯이 보입니다.** 그리고 이 때 개의 온화한 눈매도 웃음의 상징이 됩니다.

개는 적의가 없는 것을 표현하려고 상대의 눈을 똑바로 쳐다보지 않습니다. 눈을 피하거나 가늘게 뜨거나 눈을 깜빡여서 호의적인 신호를 보냅니다. 이런 눈의 움직임으로 개는 상냥하고 온화한 표정이 됩니다. 그렇습니다. 마치 웃고 있는 듯이요.

또한 개는 과장된 복종의 보디랭귀지로서 늑대와 마찬가지로 **복종의 웃는 얼굴**submissive grin을 보여주는 경우가 있습니다. 이때는 입술을 들어올려 앞니와 송곳니를 보여줍니다. 이가 드러나기 때문에 공격하려는 표정이라고 착각할 수 있지만 머리를 내리고 높은 소리로 울거나, 눈을 가늘게 뜨는 확실한 복종 자세가 따라옵니다.

이러한 복종의 웃는 얼굴은 처음 만난 사람에게나 처음 본 개들 사이에서 볼 수 있습니다. 언뜻 보기에 화내고 있는 것일까 라고 생각할 수 있지만 정반대로 복종의 웃는 얼굴을 하고 있는 개는 기쁜 마음으로 가득하답니다. 비장의 멋진 웃는 얼굴로 상대를 맞이하고 있는 것이지요.

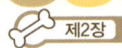
제2장 강아지의 표정을 올바르게 이해하자

좋아하는 사람과 만났을 때나 강아지끼리 놀때

복종의 웃는 얼굴

복종의 웃는 얼굴을 하는 달마시안. 윗잇몸이 다 보일 정도로 윗입술을 들어올려 앞니와 송곳니를 보이고 있으나 적의는 없는 상태.

화낼 때만 이를 드러내고 있을까?

개는 자신의 영역에 들어오거나 좋아하는 장난감을 뺏길 상황에 놓이면 화를 내고는 합니다. '공격할 거야'라고 이를 드러내며 **적극적인 공격 태세**에 돌입하지요. 그러나 개가 이를 보이는 것은 화낼 때만이 아닙니다.

예를 들면 모르는 사람이나 개가 다가올 때 겁이 많은 개는 자신의 몸을 보호하고자 이를 드러내며 **방어적 공격 태세**에 돌입합니다. 적극적인 공격 행동도, 방어적 공격 행동도 이를 드러내지만 입을 벌리는 법이나 이를 보이는 법이 다릅니다.

개가 화를 낼 때나 적극적인 공격 태세일 때 개의 입술은 위로 말려 올라가고 코에는 주름이 잡힙니다. '이를 드러낸다'고는 하지만 정확히는 입술을 위로 들어 올리기 때문에 입은 C자형이 되어 앞쪽의 이가 노출된 상태가 되는 것을 말합니다.

반대로 개가 무서워하고 있거나 자신의 몸을 지키려고 하는 방어적 공격 태세일 때는 입술을 뒤로 당겨 앞쪽만이 아니라 옆쪽의 이도 노출됩니다.

이처럼 '이를 드러낸다'고 해도 앞쪽의 이가 드러나 있는지, **앞쪽과 옆쪽의 이가 모두 드러나 있는지에 따라 개의 기분 상태가 달라지는 것**에 주의해야 합니다. 이때 개의 귀가 기울어지는 정도도 주의해야 합니다. 적극적인 공격 행동을 취한 개의 귀는 앞을 향해, 방어적 공격 행동을 취한 개의 귀는 뒤를 향해 있습니다.

또한 화가 난 것도 아니고 무서워하고 있는 것도 아닌 **복종의 웃는 얼굴**(앞 페이지 참고)을 할 때에도 개는 이를 드러내곤 합니다.

혼내고 나면 반성하고 있는 듯 보이는데…….

개가 배변 실수를 했을 때, 주인을 물었을 때, 장난으로 슬리퍼를 씹어 놓아 엉망진창이 되었을 때……. 아마 당신은 개를 혼낼 것입니다. 이럴 때 개는 매우 미안한 표정을 짓고 반성하고 있는 것처럼 보입니다. 과연 개는 정말로 반성하는 것일까요?

혼날 때 개의 표정을 한번 봅시다. 개는 당신에게서 고개를 돌리고 눈을 피하며 눈을 위로 떠서 흰자가 보일 것입니다.

또 개의 동공이 열려서 흰자가 보이는 경우도 있으나 이것은 반성이 아니라 두려움이나 불안을 느낄 때입니다. '어쩌지'라거나 '곤란하네'라는 생각이 드는 상황에서 이런 표정을 볼 수 있습니다. 즉 개는 혼나고 있는 것에 대해서는 알고 있는 것이지요.

그렇지만 개는 '이 행동은 잘못된 거구나……! 그럼 다음부터는 이 행동을 하지 않고 올바른 행동을 해야지'라고 되돌아보고 반성하지는 못합니다. **개가 하는 잘못된 행동은, 그 순간을 발견하여 바로 올바른 행동을 학습시켜서 개선**해야 합니다.

개가 좋아하는 장난감이나 손에 들고 있을 때 흰자가 보이면서 초승달 모양으로 눈을 뜨고 있을 때가 있습니다. 이 때 눈 끝으로 당신을 쳐다보며 움직임을 멈춘 채 으르렁거리는 소리를 낸다면 이것은 공격 일보 직전의 시선으로 경고하고 있는 것입니다. '무서워하지 않아도 돼~'라고 가볍게 손을 뻗으면 자신의 소중한 장난감을 뺏기지 않으려고 덥석 물어 버리기 때문에 주의해야 합니다.

제2장 강아지의 표정을 올바르게 이해하자

이것만으로는 개가 '혼나고 있는 것'은 알지만 무엇이 올바른 행동인지는 모르게 되지요.

편안할 때는 어떤 표정을 지을까?

편안한 상태의 개는 차분한 표정을 짓고, 긴장하지 않고 불필요한 힘도 들어가 있지 않습니다. 온화한 눈매로 입가의 근육은 풀어져 입을 다물고 있거나 조금 벌린 상태입니다. 귀는 차분히 올라가고 꼬리도 너무 높지도, 낮지도 않은 위치에 늘어져 있습니다.

그러나 간혹 '우리집 개는 항상 두리번거리며 돌아다녀서 편안한 표정 같은 건 본 적이 없어요'라고 하는 사람도 있습니다. 그런 경우는 대부분 반려견에게 **편안한 장소를 제공하지 못하고 있는 것이 원인**입니다. 개에게는 그런 장소가 필수불가결입니다. 예를 들면 방구석이나 소파 옆 등 조용한 장소에 케이지를 두거나 개가 좋아하는 침대나 담요를 깔아줍니다. 조용하고 차분한 장소가 생기면 개는 차츰 그 장소를 마음에 들어 하며 릴랙스 장소로 사용할 것입니다.

개에게 릴랙스를 가르쳐 주는 것도 가능합니다. 개용 매트를 준비하고 그곳에서 '엎드려'를 연습합니다. **엎드리는 자세는 가슴이 지면에 닿아 개가 안정되기 쉽습니다.** 점점 엎드리고 있는 시간을 늘려 갑니다. 얌전히 그 장소에서 잠든다면 살짝 간식을 주는 것도 좋습니다.

다음으로 '릴랙스'라고 말하며 개가 매트 위에 가서 엎드리도록 유도합니다. 최종적으로 '릴랙스'라는 단어와 '엎드려서 쉬어'라는 것이 연결되어 개는 자연스럽게 릴랙스할 수 있게 됩니다. 손님이 왔을 때 흥분하는 개를 서둘러 케이지에 넣을 필요도 없습니다. 개가 좋아하는 손님을 맞이하게 한 뒤 '릴랙스'라고 말하면 개는 스스로 매트까지 가서 안정을 취할 것입니다.

① 일단 매트 위로 엎드리는 훈련을 합니다.

② '릴랙스'라고 말하며 다양한 장소에서 매트 위에서 눕게 합니다.

※ 반려견이 항상 편안히 안정을 취하던 매트를 가지고 반려견 카페나 개도 머물 수 있는 호텔에 간다면, 개는 낯선 장소에서도 안정을 취할 수 있습니다.

의외로 많은 개의 호르몬 질환

기타나카 치아키(세나 동물병원 원장)

'우리 개가 7살이 되었는데, 최근에 잠만 자고 놀지도 않고 중년 비만인지 체중도 늘고 털 상태도 안 좋아지고……. 이거 나이 때문인가요?'

진료 중에 견주에게 이런 질문을 받는 일이 있습니다. 저희 병원에서는 이런 개에게 일단 일반 신체 검사를 실시하고 소변검사나 혈액검사 등 전신 스크리닝 검사를 진행합니다. 이러한 검사를 진행한 결과 '비만 경향', '대칭성 탈모(몸의 좌우 대칭으로 털이 적어지는 것)', '피모조강(털 상태가 나쁘며 털이 뻣뻣하다)', '렛 테일(꼬리의 털이 옅어지고 살갗이 보이는 현상)', '전신성 비루(전신이 기름 진다)', '고 콜레스테롤 혈증' 등이 발견되는 경우에는 갑상선 호르몬 측정을 해보는 것을 추천하고 있습니다. 갑상선 호르몬 측정에서 기준치보다 낮은 수치가 나올 경우 **갑상선 기능 저하증**이라는 질환을 의심합니다.

갑상선 기능 저하증인 개의 치료는 매우 간단합니다. 개의 체중에 맞춰 갑상선 호르몬 제제를 투여합니다. 약이 잘 맞는다면 놀랄 정도로 움직임이 활발해지고 털 상태가 좋아집니다. 단, 정기적인 혈중 갑상선 호르몬 농도를 측정해야 하고 생애에 걸친 투여를 필요로 합니다. 또 갑상선 호르몬 제제를 너무 많이 주면 갑상선 기능 항진증(중독)이 되는 경우도 있기 때문에 주의가 필요합니다.

덧붙여서, '거짓 갑상선 기능 저하증'이라고 해서 여러 가지 전신성 질환이나 어떤 종류의 약물에 의해 갑상선 기능이 저하되는 상태도 있습니다. 이 경우는 원인이 되는 기초 질환을 치료하면 갑상선 기능이 회복되는 경우도 있습니다.

제3장
개의 신기한 행동에 대해 알아보자

개는 전봇대 냄새를 맡거나 한쪽 다리를 들어 올려 소변을 보거나 구멍을 파거나 하는, 사람에게는 도무지 이해할 수 없는 신기한 행동을 많이 합니다. 이런 행동의 뒷면에 가려진 의미를 알면 개가 말하는 것을 알 수 있습니다.

개는 왜 하울링을 하는 걸까?

개가 위를 보고 눈을 가늘게 뜨며 우우~. 어쩐지 그냥 짖는 것과는 다른 것 같은데……. 이것이 말로만 듣던 **하울링**? 하지만 왜 하울링을 하는 걸까요?

야생 늑대는 많은 종류의 하울링을 **커뮤니케이션 수단**으로서 사용합니다. 늑대의 하울링에는 경고, 번식, 서로의 위치 확인, 동료 소집, 기쁨의 표현 등 많은 종류의 역할이 있다고 합니다. 이 행동의 흔적은 지금의 개에게도 남아 있습니다.

근처에서 한 마리의 개가 하울링을 하면 주변 개도 일제히 울어대는 현상이 있습니다. 늑대의 흔적으로 '나의 거처는 이곳이다!'라고 호응하는 것입니다.

개의 하울링은 개들만이 아니라 **사람과도 커뮤니케이션을 하는 수단**으로 사용됩니다. 그 때문에 개를 두고 외출을 하면 외롭다는 듯 하울링을 하는 경우도 있습니다. 이것은 나의 주인이 없어져서 '외로워!' 하고 외치는 것입니다.

구급차나 소방차의 사이렌, 하모니카나 피아노 등의 악기, 가전제품의 전자음(목욕물이 데워졌을 때 나는 소리 등)에 반응하여 하울링을 하는 개도 있습니다. 자주 '우리 개는 악기에 맞춰 노래를 불러'라고 말하는 견주 분이 있습니다. 하지만 이것도 하울링을 하고 있는 것입니다. 늑대와 닮은 허스키나 무리에서 사냥을 하는 하운드종은 다른 견종보다도 하울링을 자주 합니다.

하울링이 너무 반복되면 혼자서 집에 있지 못하는 **분리관련장애**가 발견되는 경우도 있습니다. 이런 경우에는 개의 동영상 등을 찍어 전문가에게 상담을 받아보세요.

이렇게 커뮤니케이션으로서 하울링은 사람에게 사용되는 경우도 있습니다.

주인 외출중

워우우~

나는 여기 있어. 외로워.

하울링을 칭찬받은 개

워우우~

기뻐해주니까 또 할래 ♪ 좋아좋아

또한 사이렌이나 악기 등이 내는 소리 주파수에 맞춰 하울링을 하기도 하는데, 정확한 이유는 아직 알 수 없습니다.

제3장 강아지의 신기한 행동에 대해 알아보자

하울링을 하는 개. 구급차가 울리는 사이렌이나 목욕물이 데워졌을 때 나는 전자음, 시간을 알려주는 방송 등에 반응하기도 한다.

하울링은 무리로 사냥을 하는 알래스칸 말라뮤트나 시베리안 허스키, 그 외에 하운드계에서 자주 관찰된다. 사진은 알래스칸 말라뮤트.

22 개는 왜 벌러덩 눕고는 하는 걸까?

개가 벌러덩 누워 배를 보여주는 포즈를 하는 경우가 있습니다. 이것은 복종의 신호일 뿐 아니라 다른 의미도 있습니다. 도대체 왜 그런 이상한 포즈를 하는 걸까요?

벌러덩 누워 배를 보여주는 자세는 **어미 개가 강아지의 배변을 유도할 때 강아지가 취하는 자세**입니다. 개는 생후 2~3주쯤까지 스스로 배뇨, 배설을 할 수 없습니다. 그 때문에 어미 개는 새끼를 핥아서 다듬을 때 배변을 유도합니다. 이때 강아지가 벌러덩 누우면 어미 개가 항문이나 요도 부근을 핥아줍니다.

또 새끼 때는 너무 짓궂은 장난을 하면 어미 개가 가볍게 혼내고, 새끼는 '미안합니다'의 의미로 이 포즈를 취합니다. 이것은 지배나 복종이라는 관계성을 나타내는 것이 아닌 '이제 안 할게…….'라는 **타협**을 나타내는 것입니다. 어른이 되면 싸움이 일어날 것 같은 상황이나 불안을 느끼는 위험한 상황에서 이 같은 태도를 취해서 위험을 회피하는 경우도 있습니다. 그 때문에 아이 같은 행동을 하여 '싸울 마음 없어'라는 의미로 이 자세를 취하는 경우도 있습니다. 하지만 앞서 말했듯이 다른 의미도 있습니다.

안심할 수 있는 존재인 어미 개 앞에서 벌러덩 누우면 어미 개가 몸을 핥아 배설을 유도한다-이것은 새끼에게 있어서 매우 기분 좋은 일입니다. 기분 좋은 경험은 어른이 되어서도 당연히 잊혀지지 않지요. 신뢰할 수 있는 주인이나 좋아하는 사람에게 **벌러덩 누워 몸을 맡기고 쓰다듬어지면 마치 어미 개가 몸을 핥아 털을 다듬어 주는 듯** 느낍니다. 벌러덩 누워 배를 보여주는 것은 어미 개처럼 좋아하는 사람에게 표현하는 행동인 것이지요. 이때 새끼 때의 습관으로 자신도 모르게 배변을 해버리는 경우도 있습니다.

새끼는 스스로 배변을 할 수 없기 때문에 어미 개가 핥아주어야만 해요.
이것은 새끼에게 있어서 매우 기분 좋은 일이기 때문에 어른이 되어 스스로 배변을 할 수 있게 되어도 잊을 수 없지요.

그렇기 때문에 새끼 때의 흔적으로 주인이 쓰다듬어 주었으면 할 때 벌러덩 눕고는 합니다.

주인이 배를 쓰다듬으면 조건반사로 소변을 보는 성견도 있어요—

제3장 강아지의 신기한 행동에 대해 알아보자

배를 보이며 뒹구는 개. 주인이 쓰다듬어 주었으면 할 때 보여주는 모습이지만 혼나는 것을 피하기 위해 배를 보여주는 경우도 있다.

23. 개는 복종을 하면 말하는 것을 절대적으로 따를까?

개에게 **복종**이란, 상대가 시키는 대로 한다는 의미가 아닙니다. 원래 복종이라고 하는 행동은 싸움이 될지도 모르는 상황에서 싸움을 피하기 위해 '당신과 싸울 마음이 없습니다'라는 의미를 전달하는 행동입니다. 이렇게 개는 불필요한 싸움을 피하고 자신의 몸을 지키며 진화해 왔습니다.

개의 복종에는 두 가지 종류가 있습니다. 하나는 **능동적 복종**입니다. 자신이 먼저 적극적으로 하는 복종을 말합니다. 몸을 낮추고 귀를 눕힌 채 상대 쪽으로 다가갑니다. 상대의 입가나 자신의 코를 핥기도 합니다. '그렇게 화내지 마'라거나 '진정해'라는 의미입니다. 주인에게 혼날 때만이 아니라 좋아하는 사람과 만났을 때에도 복종이라고 하기보다는 친화 행동으로서 이런 행동을 하기도 합니다.

또 하나는 **수동적 복종**입니다. 도망갈 곳이 없는 상황에서 공포심으로부터 나오는 복종입니다. 배를 드러내고 상대의 눈을 피하며 꼬리는 다리 사이에 말려 들어가 있습니다. '미안해'라는 의미이지요. 공포심이 더욱 커지면 소변을 봐버리는 경우도 있습니다.

단, 복종한다고 해서 당신이 말하는 것을 무엇이든 듣는 것은 아닙니다. 복종은 **'싸울 마음이 없어'**라고 **어필**하는 것입니다. 심한 장난을 쳐서 혼날 때 '화내지마. 싸울 마음 없어'라고 말하는 것이지요. 하지만 그것은 '장난을 친 상황'에서의 일입니다. 그 상황에서 복종했다고 해서 다음에 장난을 치지 않게 되거나 주인이 말하는 것을 무엇이든 듣게 되지는 않습니다.

오히려 겁이 많은 개의 경우 무리하게 복종시키면 주인을 무서워해서 신뢰 관계가 무너져 버리기도 합니다. 복종시키는 것보다 신뢰 관계를 쌓고 올바른 행동을 가르쳐 주는 것이 좋습니다.

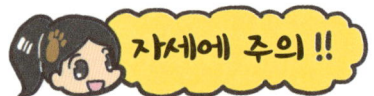

자세에 주의!!

능동적 복종

자자 진정하시지요.

수동적 복종

살려줘~

그러나 늦은 밤, 신주쿠 부근에서는 사람도 똑같을지도 모릅니다.

우와 사장님 역시 대단하시네요

사 장

이제 나둘 좀 좋아해 줘

능동적 복종   수동적 복종

제3장 강아지의 신기한 행동에 대해 알아보자

쓸데없는 싸움을 피하기 위해 늑대도 복종 어필을 한다. 왼쪽 늑대는 귀가 뒤로 눕혀 싸움을 할 마음이 없다는 것을 나타내고 있다.

능동적 복종은 개가 좋아하는 사람과 만났을 때 친화 행동으로서도 사용한다.

24 왜 아기나 어린아이를 향해 짖는 걸까?

조금 겁이 많은 개나 소형견은 사람의 아기나 어린아이를 힘들어 합니다. 왜냐하면 아기나 어린아이의 움직임은 개에게 있어서 예측 불가능한 것이기 때문입니다. 개는 아이들을 어떻게 대하면 좋을지 당황해하기 일쑤입니다.

아기나 어린아이는 소리를 높여 갑자기 웃거나 팔다리를 파닥파닥거리며 움직이곤 하지요. 어떤 행동을 하기 전에 보디랭귀지를 쓰는 개는 **예측 불가능한 갑작스러운 움직임에 놀라는 것**입니다.

더군다나 요령 없이 얼굴이나 꼬리를 마구 만져대면 당해낼 수 없습니다. 개는 한번 아이는 싫은 존재라고 학습해버리면 어린아이 전체를 싫은 존재로 인식하여 모든 아이를 싫어하게 됩니다. 이것은 **판화**라고 하는 현상입니다.

그러나 개 중에서는 좋은 베이비 시터가 될 수 있는 견종도 있습니다. 모성 본능이 강한 암컷 개나 골든 리트리버, 래브라도는 어린아이에게도 비교적 관용적으로 대할 수 있습니다.

어린 강아지의 사회화 시기에 아이와 접하여 함께 노는 것을 통해 '아이=재미있는 존재(재미있는 일이 일어난다)'라고 학습시켜 두면 아이를 좋아하는 개가 됩니다.

아이와 접할 기회가 없는, 아이를 싫어하는 성견에게도 어른의 감독 하에 아이에게 간식을 주게 하거나 주인이 아이가 있는 곳에서 개와 놀아 주면 '아이와 함께 있는 것'과 '즐거운 일이 일어나는 것'을 관련짓게 됩니다. 아이를 싫어하는 것을 극복할 수 있는 것이지요. 이것을 **길항조건부여**라고 말합니다.

제3장 강아지의 신기한 행동에 대해 알아보자

아이는 갑자기 큰 소리를 내기 때문에 깜짝 놀란다.

갑자기 뛰어오거나 움직임이 예측 불가능하다.

요령을 모르기 때문에 마구 만진다.

아이에게 관심이 집중되어 외롭다.

그럼 어떻게 하면 좋죠?

「아이의 등장=싫은 일이 생긴다」 가 아니라 「아이의 등장=좋은 일이 생긴다」 고 학습시키면 됩니다.

예를 들면 개가 아이와 놀아주면 간식을 주거나 다정하게 쓰다듬어 주는 것입니다. 이것을 응용하면 이 외의 싫어하는 것(천둥, 공사 소음 등)도 극복할 수 있습니다.

이런 것을 길항조건부여라고 말하지요.

제3장 강아지의 신기한 행동에 대해 알아보자

주인은 미리 아이에게 개가 싫어하는 행동을 가르쳐 주는 것이 좋다. 이미 아이를 싫어하는 개에게는 아이와 놀면 좋은 일이 생긴다는 것을 관련지어 주자.

왜 TV를 좋아하는 개와 좋아하지 않는 개가 있을까?

개가 보는 세계는 최근까지 흑백의 세계라고 믿고 있었습니다. 그러나 개가 보는 세계에도 색이 있다고 합니다. 개의 눈의 망막에는 밝은 곳에서 색을 감지하는 **추상체세포**와 어두운 곳에서 명암을 감지하는 **간상체세포**라는 두 종류의 **시세포**가 있습니다.

추상체세포는 사람의 경우 3종류를 가지고 있으나 개는 2종류 밖에 없습니다. 세포의 양은 사람의 10분의 1 정도 밖에 되지 않기 때문에 사람만큼 색을 정확히 식별하는 것은 불가능합니다. 하지만 캘리포니아 대학교 산타바바라교 제이 나이츠$^{Jay\ Neitz}$ 씨의 연구에 따르면 개는 '오렌지, 노랑, 초록'을 노랗게, '파랑, 보라'를 파란색으로, 파란색은 회색으로 식별한다고 합니다. 그렇기 때문에 흔히 볼 수 있는 새빨간색의 개 장난감이 개에게 갈색빛이 도는 회색으로, 잘 보이지 않는 것입니다.

반대로 개는 간상체세포를 사람의 8배나 가지고 있어서 어두운 곳에서는 사람보다 잘 볼 수 있습니다. 어두운 곳에서 사냥을 하는 개에게 있어서 색의 식별보다 어두운 곳을 잘 볼 수 있는 쪽이 중요했기 때문은 아닐까요?

견종마다 차이가 있지만 개의 시력은 우리 인간의 시력으로 따지면 약 0.3정도로 별로 좋은 편은 아니라고 합니다. 그러나 움직이는 것을 쫓는 **동체시력은 우리 인간보다 훨씬 뛰어납니다.** 그 때문에 개는 TV에 나오는 움직임에 반응하는 것이지요. 그 중에서도 공이 나오는 축구나 야구, 개가 나오는 동물 방송 등은 개에게 있어서도 흥미진진한 것입니다.

그러나 개가 짖는 소리가 들리거나 움직여도 TV라는 '상자'에서 나

제3장 강아지의 신기한 행동에 대해 알아보자

오지 않는다는 것을 알면 TV를 보는 것에 흥미를 잃는 개도 있습니다. 물론 꾸준히 TV를 보며 TV를 좋아하는 개도 있지만요.

여기에서도 TV에 주목하는 반려견의 모습을 보고 주인이 '귀여워! TV 보고 있는 거야?'라고 말하면 TV에 주목한다 → 칭찬받는다고 학습하여 'TV만 보는 개'가 되는 경우도 있습니다.

TV를 좋아하는 개. 인간만큼 자세히 색을 식별하지는 못한다고 한다.

26 어째서 어디서든지 구멍을 파려고 하는 걸까?

야생동물이었던 개의 조상에게 **구멍파기는 생존의 기술**이었습니다. 요즘처럼 누군가에게 길러져서 정해진 시간에 먹이를 받아 먹지 않았기 때문에 땅을 파서 먹을 것을 보존하거나 굴에서 생활하는 동물을 포획하고는 했습니다.

더울 때에는 구멍을 파서 습한 땅에 몸을 식히는 기술도 있었습니다. 현재에도 그 흔적이 남아 있는 것입니다. 즉 **개가 땅을 파는 것은 본능**적인 행동입니다.

닥스훈트는 인기 있는 견종이지요. 그런데 어째서 닥스훈트의 다리는 짧고 몸통은 긴지 알고 계시나요? 닥스훈트는 원래 오소리 사냥을 하던 개입니다.

오소리의 굴을 발견하여 땅을 파서 오소리를 굴에서 몰아내는 것이 닥스훈트의 일이었습니다. 그래서 닥스훈트에게는 땅파기의 습성이 강하게 남아있습니다.

닥스훈트만이 아니라 굴에 사는 작은 동물을 사냥하거나 가축을 지키기 위해 개량된 테리어종에게도 땅파기 습성이 있습니다. 땅파기를 함으로써 본능을 충족시키는 것이지요.

그러나 그 중에서는 어떠한 자극도 없는 지루한 삶을 보내는 개나 혼자 집 지키기를 하여 **스트레스나 불안을 느껴 땅을 파는** 개도 있습니다.

주인이 집에 돌아오면 카펫이나 마룻바닥, 반려동물용 시트 등을 쥐어뜯어 너덜너덜해져 있다면 분리불안장애일 가능성도 있습니다. 혹은 주인이 없어져서 욕구불만을 해소하거나 단순히 장난으로 하는 경우도 있기 때문에 전문가에게 상담을 받아보도록 하세요.

야생 개에게 땅파기는 생존의 기술입니다.

～ 땅 구멍을 파는 이유 ～

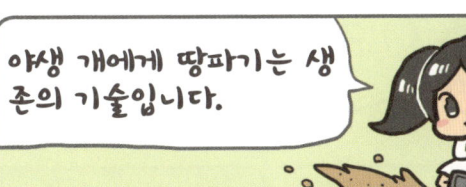

시원

① 더울 때에 땅에 구멍을 파고 몸을 식힌다.

② 땅 구멍 안에 있는 동물을 쫓는다.

③ 포획한 사냥감이 썩지 않도록 차가운 땅 안에 묻어둔다.

그러나 문제가 있는 구멍 파기도 있습니다.

이불을 벅벅 ※

지루함을 견디기 위한 구멍 파기 행동입니다.

너덜너덜…

불안감에 사로잡힌 문제 행동입니다.

구멍 파기 행동을 할 때는 일단 그 원인을 찾아 보도록 하세요.

박 박

사랑하는 암컷 개와 만나고 싶다는… 이런 경우도 있지요….

※이불을 파는 것은 잠자리 만들기의 의미도 있다

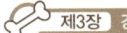 제3장 강아지의 신기한 행동에 대해 알아보자

개가 땅 구멍을 파는 것은 습성이기 때문에 이상한 것은 아니나 너무 심한 경우에는 문제 행동이라고 할 수 있으니 원인을 찾아보자.

왜 자전거나 자동차를 보면 달려드는 걸까?

개는 움직이고 있는 것을 쫓거나 따라서 움직이는 경우가 있습니다. 이것은 **야생 동물 시절의 사냥 습성이 지금도 남아있는 것**입니다. 특히 무언가가 정지 상태에서 갑자기 움직이거나 움직이는 속도가 갑자기 빨라지는 경우는 반사적으로 반응합니다. 이 때문에 작은 동물(고양이, 비둘기, 까마귀 등), 자동차, 자전거, 조깅 중인 사람, 뛰노는 아이들이 개에게 있어서 사냥감이 되어버릴 때도 있습니다.

또한 양이나 소를 쫓기 위해 개량된 양치기 견은 '**뒤쫓아 가는**' 행동이 **강화**되어 왔기 때문에 다른 견종보다도 움직이는 것에 쉽게 반응합니다. 사실은 대히트 작인 '명견 래시'에서 래시 역이었던 콜리도 양치기 견 특유의 차를 쫓는 행동을 인정받아 주역으로 데뷔했다는 일화도 있습니다.

그렇기는 하지만 개가 갑자기 자동차나 자전거를 쫓아 차도에 달려드는 것은 정말 큰일입니다. 동네를 조깅 중인 사람이나 아이 등에게 위해를 가할 위험성도 있습니다. 개가 고양이나 비둘기를 쫓으려고 갑자기 달려 목줄을 잡고 있던 주인이 넘어져 부상을 당했다는 이야기도 자주 듣습니다.

새끼 적부터 제대로 공이나 프리스비(원반 모양의 장난감) 등의 쫓아도 되는 것과 자동차나 자전거 등의 쫓아서는 안될 것을 가르쳐 주도록 하세요.

특히 뒤쫓는 습성이 다른 견종보다도 강한 양치기 견인 보더 콜리 등은 프리스비 놀이 등으로 욕구를 잘 충족시켜 주지 않으면 **자동차나 오토바이를 뒤쫓는 문제행동**으로 발전해버리기 때문에 주의가 필요합니다.

제3장 강아지의 신기한 행동에 대해 알아보자

팔이 부러졌어요... 무슨 일이에요?

산책 중에 우리 개가 갑자기 고양이를 뒤쫓아서 목줄에 끌려 넘어졌어요...

도망가는 것을 쫓는 것은 개의 본능이니까요...

이 세상에는 '사냥감'이 너무 많기 때문에 새끼 때부터 쫓는 것은 안된다고 제대로 가르쳐 둘 필요가 있어요.

특히 쫓는 행동이 강화된 **견종**(보더 콜리 등)도 있기 때문에 그런 견종은 특히 올바른 습관을 들일 필요가 있습니다.

28 충견 하치는 정말로 '충견'이었을까?

도쿄의 시부야역에는 만남의 장소로 유명한 '**충견 하치 공**' 조각상이 있습니다. 아키타견인 하치는 주인이었던 도쿄제국대학교수 우에노 히데사부로 씨가 학회 중 뇌출혈로 사망하여 집에 돌아가지 못하게 된 뒤에도 오지 않는 주인을 매일 시부야역까지 마중 나갔다고 합니다.

사실은 이 하치는 유명해지기 전에 역무원, 닭꼬치 가게 주인에게 쫓겨나거나 괴롭힘을 당하던 존재였습니다. 그 모습을 보고 하치를 불쌍하게 생각한 신문기자가 충견 하치 공으로 기사를 썼던 것이 인기를 얻어 그 후에 모두 상냥하게 대해줬다고 합니다.

그러면 여기서 의문이 듭니다. 일반적으로 개는 자신에게 있어서 메리트가 있으면 그 행동을 반복하게 됩니다. 이것을 행동학 용어로 **강화**라고 합니다. '역에 간다' → '좋은 일이 있다'고 학습하면 역에 계속 다니게 됩니다. 반대로 안 좋은 일이 있으면 그 행동을 멈춥니다. 당시에 쫓겨나거나 괴롭힘 당해도 역에 계속 갔다고 하는 것은 유명해지기 전까지 계속 역에 감으로써 무언가 좋은 것이 있었을 것입니다.

이 점에서 하치는 주인을 마중하러 가기 위해 역에 간 것이 아니라 닭꼬치 노점에 관심을 가졌다고 하는 설도 있습니다. 하지만 우에노 교수가 전철에 타거나 귀가하는 시간대처럼 **가게가 열지 않는 시간대에도 역에 하치가 있었다**는 이야기도 있습니다. 진실은 하치만이 알겠지만 '개는 쉽게 은혜를 잊지 않는다'고 말해도 좋지 않을까요?

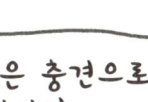
제3장 강아지의 신기한 행동에 대해 알아보자

하치 공은 충견으로 유명합니다만…

노점의 닭꼬치에 관심이 있었다는 설도 있습니다.

그러나 노점이 나오지 않는 시간에도 역에 다녔다고 하는 목격담도 있지요.

우에노 교수에게서 받은 다정함을 잊지 못하고 언젠가 또 예뻐해 줄 것이라고 믿으며 역으로 갔는지도 모릅니다.

선생님— 기다렸죠—?

왜 장난감을 물고 머리를 흔드는 걸까?

개와 함께 사는 분이라면 개가 놀고 있을 때 장난감을 물고 획획 하고 머리를 흔드는 모습을 자주 보셨을 것입니다. 어째서 개는 이런 행동을 하는 것일까요?

개가 야생에서 사냥을 했을 적, 사냥감을 물고 좌우로 흔드는 행동을 하는 이유는 **상대에게 치명상을 입혀 죽이기 위한 것**이었습니다. 이렇게 하면 사냥감이 작은 동물인 경우 척수나 목뼈를 손쉽게 꺾을 수 있기 때문입니다. 그 때문에 현재에도 장난감, 즉 사냥감을 입에 물면 본능적으로 몸에 배어있던 당시의 습성이 나오는 것입니다.

흥미롭게도 이런 흔드는 행위는 공이나 작은 인형보다도 약간 커다란 장난감에서 더욱 자주 보입니다. 개용 장난감에는 이러한 개의 본능을 자극하는 장치가 들어가 있습니다. 삑삑 하는 높은 음의 소리가 나는 장난감은 마치 작은 동물의 울음소리처럼 개의 사냥 본능을 자극합니다.

각각의 용도에 따라 개량되어 온 개는 견종마다 선호하는 장난감이 있습니다. 예를 들면 리트리버(회수인)라고 이름 붙인 골든 리트리버나 래브라도 리트리버는 사냥으로 숨통이 끊어진 새나 물고기를 강이나 바다에서 잡아오는 일을 했습니다. 그로 인해 공을 좋아하여 **던진 공을 물고 회수하는 공놀이가 특기**입니다.

작은 동물을 수렵하기 위해서 개량된 테리어종은 삐익-삐익-하고 울리며 작은 동물을 떠오르게 하는 헝겊 인형 등을 좋아합니다. 양치기 견인 보더 콜리는 표적을 향해 쫓는 프리스비를 좋아하지요. 좋아하는 것은 가지각색이지만, 함께 다양한 장난감을 이용해 놀며 반려견이 좋아하는 장난감이 무엇인지 발견해 보는 것은 어떨까요?

왜 대변이나 소변을 본 후 뒷발로 모래를 덮는 걸까?

공원 등 지면이 흙이나 모래로 된 장소를 관찰해보면 마구 파헤쳐놓은 듯한 흔적이 눈에 띨 것입니다. 이것은 개가 대변이나 소변을 보고 난 후 뒷발로 발 밑의 모래나 흙을 걷어차서 파헤친 흔적입니다. 그런데 왜 그런 행동을 하는 것일까요? 다른 개가 보면 부끄럽기 때문에 소변이나 대변을 숨기는 것일까요?

사실 이 행동은 마킹의 한 종류로 **자신의 냄새를 퍼뜨리기 위함**입니다. 언뜻 보면 배변한 장소에 모래를 덮어 숨기는 듯이 보이지만 사실은 그 반대입니다. 주로 수컷에게서 많이 볼 수 있는 행동인데, 간혹 암컷에게서도 볼 수 있습니다. 뒷발로 발 밑의 모래나 흙을 파서 덮으면 개의 육구에 있는 땀샘(에크린샘)의 분비물이나 발가락 사이의 털로 덮여있는 피지선에서 나오는 분비물을 모래나 흙에 배어들게 하여 확산시키는 것입니다.

지면을 파헤친 흔적은 그냥 눈으로 보기에도 확실히 알 수 있습니다. 이렇게 하면 **냄새로도 외견으로도 다른 개에게 자신의 존재를 어필할 수 있는 것**이지요.

개가 잠자리에 들기 전에 자신의 침대나 마룻바닥을 앞발로 박박 긁을 때가 있습니다. 이것은 잠자리 마킹이라고 하지요. 쾌적한 침상을 만드는 행동입니다. 개가 야생동물이었을 때는 당연히 푹신푹신한 침대나 담요 등이 없었습니다. 잡초가 우거진 장소나 흙을 파서 쾌적한 동시에 외부의 적으로부터 몸을 숨길 수 있는 안전한 침상을 만드는 것입니다. 또한 앞발을 이용하여 파서 개의 육구에 있는 땀샘에서 나오는 분비물 냄새를 묻히는 마킹의 역할도 합니다. 야생의 습성이 지금도 개에게 남아 있는 것이지요.

왜 어린 강아지들끼리 마운팅을 하는 걸까?

마운팅은 발정기의 암컷 개에게 수컷 개가 올라타서 허리를 <u>흔드는 행위</u>입니다. 그러나 수컷만 하는 성행위는 아닙니다. 수컷에서도, 암컷에서도 볼 수 있으며 성 행동 외에도 다양한 의미를 가지고 있습니다.

어린 강아지는 놀이로서 서로 마운팅을 하기도 합니다. 이것은 놀이를 통해 장래에 정상적인 성 행동을 할 수 있도록 학습하거나 우위 행동의 의미이기도 합니다. 마운팅을 통하여 '나는 강해'라고 상대 강아지에게 어필합니다.

상대 강아지는 얌전히 있는 경우도 있으나 '나도 강하다구'라고 상대에게 오히려 마운팅을 하는 경우도 있습니다. 마운팅 외에도 상대의 어깨에 머리나 앞발을 올려두어 강함을 어필할 때도 있습니다.

우위 행동에 공격성은 없습니다. 일종의 사회의 의식이지요. 사람이 보면 모양새가 좋지 않기 때문에 무리하게 말리는 주인도 있습니다. 하지만 어린 강아지의 마운팅은 개 사회의 자연스러운 의식입니다. 상당히 두려워하거나 도망치지 않으면 <u>개의 자연스러운 행동으로 받아들여 상황을 지켜보도록 하세요.</u>

무례한 마운팅 행위에는 선배 개가 '무례한!'이라며 혼내기도 하기 때문에 개에게 있어서도 학습의 장이 됩니다.

그런데 혹시 개가 주인이나 손님의 발에 마운팅을 해서 당황했던 경험은 없나요? '이거 저를 좋아해서 그러는 건가요?'라고 말하는 분도 있습니다만 사람을 상대로 한 마운팅의 대부분은 그런 의미가 아니랍니다.

손님이 와서 흥분 상태가 됐을 때, 놀아 주었음 하는데 놀아주지 않을 때, 평상시에 자극이 없어 스트레스가 쌓였을 때, 개는 <u>흥분이나</u>

욕구불만을 발산시키기 위해 마운팅을 하기도 합니다. 또 주인이 마운팅을 재미있어 하거나 떠들썩해지면 주의를 끄는 방법으로서 개가 학습하게 되기도 하는 것이지요.

단 발정기의 암컷 개와 만나거나 냄새를 맡거나 할 때 사춘기 때 등에는 사람의 다리나 쿠션을 암컷 개 대신으로 생각하여 마운팅을 하는 개도 있습니다. 교배를 고려하지 않는 경우에는 중성화 수술을 해 주도록 하는 것이 좋습니다.

괜찮아요. 꼭 마운팅=성 행동은 아니랍니다. 정상적인 성 행동의 예행연습 같은 느낌이지요. 강함을 어필하는 것이기도 하고요.

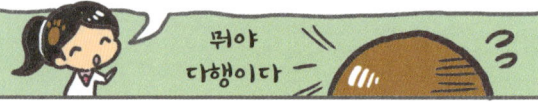

아, 선배 개에게 들러붙는 강아지도 있지요. 마치 유단자인 유도 선수에게 어린이가 덤비는 느낌이에요.

개는 이런 식으로 정상적인 사회 행동을 배워가는 거랍니다.

제3장 강아지의 신기한 행동에 대해 알아보자

마운팅은 항상 성 행동의 의미는 아니다. 개가 흥분했을 때에 일어나기도 하며 자신이 우위에 있다는 것을 나타내기 위한 행동이기도 하다. 또한 암컷도 마운팅을 하는 경우가 있다.
Sutichak / PIXTA (픽스타)

자신이 있는 그레이트 피레네(오른쪽)의 인사. 작은 개가 지나친 행동을 하면 '웡!' 하고 혼내며 '교육'을 해주는 경우도 있다.

왜 한쪽 다리를 들어서 전봇대에 소변을 볼까?

산책을 가면 한쪽 다리를 들어 올려 전봇대에 소변을 보는 개가 있습니다. 이것은 이른바 **마킹**이라고 하는 행동입니다. 이런 행동은 무엇 때문에 하는 걸까요?

성숙이 빠른 소형견 수컷은 빠르면 생후 5개월쯤부터, 혹은 그 이후가 되면 한쪽 다리를 들어 올려 배변을 하게 됩니다. 마킹은 수컷만이 아니라 암컷, 특히 발정기의 암컷도 합니다. 최근에 마킹은 다른 개를 접근하지 못하도록 영역을 표시하는 행동이라고 하기 보다도 **자신의 냄새로 주변을 둘러싸서 안정감을 얻으려는 행동**이라는 견해가 유력해져 왔습니다.

또한 마킹은 사회적 동물인 개들의 커뮤니케이션 수단이기도 합니다. 수컷은 전봇대에 묻은 소변 냄새를 맡아서 상대 개의 연령과 상태를 알 수 있습니다. 그리고 그곳에 자신의 냄새를 묻혀서 **자신의 정보도 남기는 것**입니다. 발정기인 암컷은 자신이 발정기라는 것을 다른 수컷에게 알리기 위한 수단으로서 수컷처럼 다리를 들어 마킹을 하기도 합니다. 자신이 수컷을 받아들일 수 있는 상태라는 것을 소변에 포함된 페로몬으로 알리는 것이지요.

단, 지금까지 제대로 배변 활동을 하던 성견이 집안에 마구 마킹을 할 때가 있습니다. 이것은 개가 불안하거나 스트레스를 받았다는 증거입니다.

혼자서 집을 지키는 개가 부적절한 배설을 자주 한다면 분리관계장애의 가능성도 있습니다. 마킹을 단지 영역 표시 행동이라고 단정짓지 말고 반려견이 보내는 SOS일지도 모른다는 것을 알아두세요.

제3장 강아지의 신기한 행동에 대해 알아보자

어째서 개는 전봇대에 소변을 누는 걸까?

마킹이라는 거예요. 개들(수컷끼리, 수컷과 암컷)의 커뮤니케이션이라고도 하지요.

하지만 가끔 집 소파 기둥에도 소변을 봐요. 다른 개는 오지 않는데…

혹시 자주 소변을 본다면 개가 무언가에 스트레스를 받고 있을지도 몰라요. 주인이 부재중인 경우가 많을 때 자주 보이지요. SOS 사인이기 때문에 원인을 없애줄 필요가 있습니다.

93

왜 항상 지면의 냄새를 맡는 걸까?

후각은 개에게 있어서 매우 중요한 것입니다. 개는 자신 주변의 냄새를 맡아서 정보를 수집하기 때문입니다. 개가 야생에서 생활했을 적에는 후각의 예민함으로 사냥감 냄새를 찾아내거나 동료와 동료가 아닌 개의 냄새를 분별하기 위한, 생존 하는 데 필수적인 능력이었습니다.

개의 후각은 우리 인간보다도 현격히 뛰어납니다. 후각의 예민함은 물질에 따라 다르지만, 땀에 함유된 산을 분별할 수 있는 능력이 인간보다 100만~1억배나 뛰어나다고 합니다. 경찰견이 범인을 추적할 수 있는 것도 이런 뛰어난 후각이 있기 때문입니다. 후각이 좋기로 유명한 블러드 하운드는 10일 전에 남겨진 냄새에서도 범인을 알아낼 수 있다고 합니다.

산책 중에 개가 냄새를 맡는 것은 지면에 남겨진 냄새를 식별하여 **언제 어떤 사람이나 개가 지나갔는지 등의 정보를 수집**하고 있는 것입니다. 이렇게 냄새를 맡는 행동은 개에게는 반드시 필요한 탐색 행동인 것입니다. 항상 산책길에서 맡는 친구의 냄새나 매혹적인 암컷 개의 냄새는 개를 더할 나위 없이 두근거리게 만듭니다.

개는 산책 중일 때 외에도 지면의 냄새를 맡는 경우가 있습니다. 이것은 **커밍 시그널**의 일종입니다.

예를 들면 개가 처음 온 개 전용 놀이터(도그런)에서 눈앞에 다른 개가 다가오고 있음에도 불구하고 바쁘게 지면의 냄새를 맡는 모습을 본 적이 있을 것입니다. 이것은 정보를 수집하고 있는 것뿐만 아니라 설레는 마음을 진정시키려고 지면의 냄새를 맡는 것입니다.

제3장 강아지의 신기한 행동에 대해 알아보자

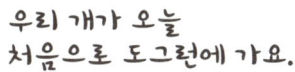

우리 개가 오늘 처음으로 도그런에 가요.

좋겠네요. 다녀오세요.

자 도착했다!!
마음껏 놀다 와!
오늘은 동영상도 찍어야지.

......

엥, 왜 그러지……
기껏 디지털 카메라까지
준비했는데 영상이 너무
재미없잖아…….Σ(°д°ııı)

34. 어째서 산책을 가기 싫어하는 개가 있는 걸까?

개가 태어난 후 3~12주까지를 '**사회화기**'라고 합니다. 이 시기에 개들은 자신을 둘러싼 주변 환경에 적응해 갑니다. 아직 모든 것이 낯선 어린 개들에게는 집에서 한 발짝만 나가도 그곳은 미지의 세계이지요. 모르는 사람이나 다른 개들, 자동차, 자전거, 다양한 소리로 가득 차 있습니다. 사회화기의 개는 이 미지의 세계나 물체를 보고 만지면서 무서워할 필요가 없는 것임을 배워갑니다.

그러나 한창 사회화기를 겪고 있는 새끼 때 개를 집에 데려온 뒤 개가 밖에 나가는 것을 두려워하여 계속 집에만 있던 개나, 백신 접종 시기와 데려온 시기가 겹쳐서 집에서 한 발짝도 나가지 않은 개는 사회화 경험의 기회가 적기 때문에 **익숙하지 않은 것들이 많은 바깥 세상을 무서워하게** 됩니다. 백신 접종 시기가 겹쳐서 밖에 나가 걷지 못한다면 개를 품에 안고 산책을 하는 것으로 조금씩(무리하지 않고) 바깥 세상에 익숙해지도록 해줍니다.

'우리 개는 산책을 나가고 싶어 하지 않아요…….'라고 말하는 사람이 있습니다. 이것 또한 많은 경우가 사회화 시기에 집에서 나갈 기회가 없었기 때문에 밖을 무서워하게 되고, 이것이 악화되어 산책에 나가지 않게 되는 것입니다. 그리고 산책할 때 개의 상태를 살피면서 '괜찮아. 봐, 무섭지 않지?'라고 달래듯이 말을 거는 사람도 있습니다. 하지만 이렇게 하면 개는 쭈뼛쭈뼛하며 제대로 걷지 않는 것을 칭찬받고 있다고 느껴 점점 걷지 않게 됩니다.

견주부터 당당한 태도로 즐겁게 산책을 나가도록 합니다. 반려견도 즐거운 당신의 모습을 보고 '뭐야 무서워할 필요 없었잖아'라며 씩씩하게 걷기 시작할 것입니다.

사회화기에는, 알고 보면 무섭지 않은 것에 익숙해져야 성견이 되어서도 무서워하게 됩니다.

이것은 좋은 방법이 아닙니다. 무서워서 움직이지 않는 개에게 상냥한 목소리로 말하면 '무서워서 안 움직임 = 올바른 행동'이라고 생각해 버리지요.

견주부터 움직이기 시작한 뒤, 개가 잘 걸으면 칭찬해줍니다. 그리고 산책하러 간 곳에서 놀아주거나 좋아하는 물건을 주면 '산책 = 즐겁다'라고 이해하게 됩니다.

35 귀 뒤를 긁는 것에는 어떤 의미가 있을까?

다른 개를 만나도 귀 뒤만 긁으며 모르는 척. '앉아'를 필사적으로 가르쳐도 귀 뒤만 긁으며 집중하지 않아서 벼룩이라도 있는 설끼하는 생각이 들어 동물 병원에 데려갔지만 이상 없음-그도 그럴 것이 귀 뒤를 긁는다는 것은 커밍 시그널 중의 하나입니다.

개는 낯선 개와 만나서 조금 긴장하거나, 필사적으로 트레이닝 하려는 주인의 긴박감이 무섭거나 싫을 때 **귀 뒤나 몸을 긁어서 긴장을 완화시키려고 합니다.**

이처럼 일시적인 긴장이나 불안을 느껴 몸을 긁거나 흔드는 경우가 있습니다. 만성적으로 긴장이나 불안, 스트레스를 느끼면 자신의 몸이나 앞발을 계속해서 핥는 경우도 있습니다. **사지를 핥으면 불안이 완화되어 그 행동이 강화되어 버리는 것**입니다. 도파민의 영향도 있지만, 육구가 새빨갛게 되는데도 불구하고 계속해서 핥아대는 경우도 있습니다. 이러한 경우에는 불안이나 긴장의 근원을 해소시켜 주어야 합니다.

개는 몸이 물에 젖으면 부르르 몸을 털어 물을 없앱니다. 하지만 젖어 있지도 않은데 몸을 부르르 하고 털 때가 있습니다. 이 행동도 커밍 시그널로 귀 뒤를 긁는 것과 마찬가지로 긴장을 풀려고 하는 것입니다.

단, 아메리칸 코카스파니엘이나 미니츄어 닥스훈트처럼 귀가 길게 내려와 있는 견종은 외이염 같은 귀 질환에 걸리기 쉽기 때문에 너무 심하게 귀를 긁는 것 같다면 동물 병원에 데려가는 것을 권장합니다.

개 암은 미리 예방하는 것이 중요하다

하기모리 켄지(카모가와 동물 클리닉 원장)

미국에서 실시한 연구에 따르면 개나 고양이가 죽는 가장 많은 원인은 '암'이라고 합니다. 개의 경우는 약 2마리 중 1마리가, 고양이의 경우는 약 3마리 중 1마리가 암으로 사망한다고 합니다.

이것은 암의 무서움을 말하는 것과 동시에 현대의 동물들이 장수하고 있다는 것을 시사하기도 합니다. 암은 사람과 마찬가지로 개나 고양이도 중장년에서 발생할 확률이 높아지기 때문에 사랑받으며 장수하는 현대의 동물들이 걸릴 확률이 높은 것입니다.

암은 자기자신의 증식을 컨트롤할 수 없게 되어 전이를 일으키는 가능성을 가진 세포입니다. '양성', '악성'이라고 하는 단어를 들어 본 적이 있을 것입니다. 양성 종양은 전이하지 않는 것이고 악성 종양은 전이하는 것을 말합니다. 후자를 일반적으로 암이라고 부릅니다.

암이 중장년에서 발생하게 된다면, 정말 할 수 있는 일이 아무것도 없는 것일까요? 아니요. 그렇지 않습니다.

일단 예방 가능한 암에 대처하는 것이 중요합니다. 예방 가능한 암이란 정소와 난소의 종양, 유선종양 등 중성화 수술로 예방할 수 있는 암을 말합니다. 특히 유선종양은 암컷 개가 주로 걸리는 종양 중 52%를 차지하기 때문에 유선 종양을 예방하는 것은 매우 중요합니다.

그 밖에 예방할 수 없는 암은 사람과 마찬가지로, 아니 그 이상으로 빠른 발견, 빠른 치료를 요구합니다. 왜냐하면 사람의 암 세포의 배가시간(세포가 둘로 분열하는데 걸리는 시간)은 30일이지만, 개의 암세포의 배가시간은 2~7일 정도로 짧기 때문입니다. 개의 암처럼 성가신 상대와 싸우기 위해서는 사람 이상으로 정기적인 검진을 필요로 합니다.

제 4 장
개를 키우는 사람이 느끼는 소박한 의문

사람 흉내를 잘 내는 개가 있습니다. 자신을 마치 사람이라고 생각하는 듯 행동하는 개도 있습니다. 여기서는 모방, 자기 인식, 반항기 등 최근 연구로 밝혀진 개의 행동을 분석해 봅니다.

개에게도 '반항기'가 있을까?

소형견은 생후 약 1년이면 성견이 되고, 대형견은 생후 약 2년이면 성견이 된다고 합니다. 사람이 성인이 되기까지는 몸과 마음에 많은 변화가 일어납니다. 개도 그렇습니다. 사람과 마찬가지로 **반항기**도 있습니다.

96쪽에서 설명했듯이 개가 자신을 둘러싼 환경 안에서 무서워할 필요가 없는 것에 적응하는 시기를 **사회화기**라고 부릅니다. 생후 3주~12주가 사회화기입니다. 그리고 **사회화와 순화의 시기**라고 불리는 생후 18주(약 4개월)까지 개는 주변 환경에 유연하게 적응해 갑니다.

그러나 생후 4개월을 넘어갈 때부터 견주는 지금까지와 다른 반려견의 행동을 깨닫게 될지도 모릅니다. 예를 들면 이제까지는 이름을 부르면 쏜살같이 뛰어 왔는데, 최근에는 불러도 모르는 척하며 반대 방향으로 뛰어가 버리는 일도 있습니다. 견주가 말하는 것을 무시하는 듯한 행동을 합니다.

사실 이 시기는 **본능에 눈뜬다**고도 하는 시기입니다. 원래 야생에서 생활할 때에는 생후 4개월을 넘긴 시점에 안전한 굴에서 밖으로 나와 주변 환경을 탐색하게 됩니다. 이 때 다양한 경험을 하며 자신감을 가지게 되는 것입니다. 그 때문에 이 시기의 어린 강아지는 견주가 말하는 것을 듣지 않고, 지금까지의 천진난만했던 새끼 시절에서 벗어나 독립심이 생기는 것입니다.

🐾 개도 능력을 인정받고 싶어한다.

그리고 생후 6개월이 되면 새끼 강아지에게 **성성숙**이 찾아옵니다. 이 때 새끼 강아지의 몸에는 호르몬 발란스의 변화가 일어나며 성 호

르몬 양이 증가합니다. 이는 몸뿐만 아니라 마음에도 영향을 끼칩니다. 성견과 같은 행동을 하고 싶지만 아직 사회성이 부족하고 경험이 적은 새끼는 지금까지와 다른 태도를 취하는 것이지요. 그 태도는 사람으로 말하자면 반항기와 같은 것입니다. 견주가 말하는 것을 듣지 않거나 싫은 것이 있으면 으르렁거리거나 물기도 하지요.

이 반항기는 개가 1살 전후까지 계속됩니다. 그 전까지는 사랑스럽게 주인의 말을 잘 들었던 개의 태도가 돌변하여 전혀 말을 듣지 않기 때문에 '이제 자신이 제일 위라고 생각하는 건가'라고 오해하는 사람도 있을 것입니다. 그러나 이것은 어디까지나 호르몬 변화가 원인이며, 개가 우쭐하여 거만하게 구는 것이 아닙니다.

주인이 이 시기에 어떻게 개를 대하느냐에 따라 이후 개와의 관계성이 바뀌게 됩니다. 제대로 대하지 못하여 문제 행동을 일으키는 경우도 있습니다. 예를 들면 말을 듣지 않는 개를 꽉 눌러서 롤 오버(벌러덩 눕게 하여 꽉 누르는 것)나 머즐 컨트롤(입을 손으로 눌러 막는 것)을 하면 개는 매우 싫어합니다. 그리고 주인의 손을 물면서, 무는 습관이 생기는 경우도 있습니다.

말을 듣지 않아서 개를 무시하면 유대 관계가 붕괴되어 더욱 문제 행동으로 발전하게 됩니다. 실제로 반항기가 한창인 1살 전의 개를 잘못 대처한 주인이 저에게 문제 행동 상담을 하러 오는 경우도 적지 않습니다.

이 시기의 개를 무리하게 힘으로 누르려고 하면 관계가 악화됩니다. 개의 태도가 지금까지와 다르다고 해서 초조해 하지 말고 초심으로 돌아가 다시 한번 제대로 교육을 시킵시다. 선악의 구분을 확실히 시켜주는 것은 매우 중요합니다. 주인이 말하는 것을 따르면 즐거운 일이 생긴다고 학습시켜 주는 것이 좋겠지요.

제4장 강아지를 키우는 사람이 느끼는 소박한 의문

네 있습니다. 이 시기에 어떻게 개를 대하느냐가 이후 주인과의 관계에도 영향을 끼치지요. 머즐 컨트롤 등으로 무리하게 억누르려고 하는 것은 최악입니다.

← 입을 막는 것

머즐 컨트롤

「주인이 부르면 좋은 일이 생긴다」라고 가르쳐 주세요.

개는 자신을 사람이라고 생각할까?

당신의 반려견이 마치 자기 자신을 사람이라고 생각하는 것처럼 행동할 때가 있지 않나요? 저녁 식사를 할 때, 함께 자리에 앉을 때, 이불을 덮고 함께 잘 때, 사람은 좋아하면서 다른 개를 보면 짖을 때-이런 때 개는 '(나는) 사람이다!'라고 생각하는 걸까요?

자기 자신을 객관적으로 보고 판단할 수 있는 힘을 자기인식력이라고 합니다. 자기 인식이 가능하다는 것은 뇌가 발달했다는 증거입니다.

자기 인식의 유무를 확인할 수 있는 미러테스트라는 실험이 있습니다. 실험 참가자가 자고 있는 사이나 마비된 상태에서 이마에 빨간색 펜으로 표시를 해둡니다. 실험실에는 거울이 준비되어 있고 깨어난 참가자는 거울을 보도록 되어 있습니다.

이때 거울을 본 참가자가 거울에 비친 모습을 자기 자신이라고 인식할 수 있다면 (자기 인식이 가능하다면), '엥? 이마에 이상한 마크가 있네'라고 자신의 이마를 만지며 확인하는 모습을 볼 수 있다고 합니다. 놀랍게도 2살 전후가 되기까지, 인간의 아기조차 거울 안의 자신을 자기 자신이라고 인식하지 못합니다.

🐾 침팬지는 성공. 개는?

침팬지는 이상한 표시가 그려져 있는 자신의 모습을 거울로 봤을 때 자신의 이마를 손으로 만져서 이 테스트를 통과했습니다. 돌고래도 자신의 몸을, 코끼리도 자신의 긴 코를, 까치도 자신의 부리를 움직여서 자신의 몸을 확인하는 개체가 나타나 패스했습니다.

그러나 개는 이 마크 테스트를 패스하지 못했습니다. 마치 다른 개가 있는 듯이, 혹은 무관심한 모습이 관찰되었습니다. (물론 거울에 비친 자신의 모습을 인식하고 있지 않다고 하기보다도 단지 흥미가 없거나 마크가 그려져 있어도 신경 쓰지 않았을지도 모릅니다.)

이처럼 개는 **자기 인식이 불가능하다**는 결론이 나왔습니다. 하지만 흉내를 내거나 사회성이 풍부한 것에서 마치 사람 같은 모습을 보여주는 것인지도 모릅니다.

따라서 개가 다른 개와 사이가 좋지 못한 것은 자신을 사람이라고 생각하기 때문은 아닙니다. 사이좋지 못한 것은 사회화가 되어있지 않기 때문입니다. 사람은 좋아하지만 개는 싫어하는 개의 경우 사회화 시기에 다양한 사람과 만날 기회는 있었지만, 개와 만날 기회는 없었기 때문에 다른 개들과 사이가 좋지 못한 것입니다.

미러테스트를 합격한 동물들

제4장 강아지를 키우는 사람이 느끼는 소박한 의문

침팬지는 자신의 이마에 그려진 마크를 알아채고 자기 자신의 이마를 만졌습니다.

그러므로 자기 인식이 있다고 추측할 수 있지요.

개는?

개는 이 실험에서 자신의 이마를 만지지 않았습니다. 거울에 비친 자신의 모습을 자기 자신이라고는 생각하지 않는 듯 했습니다.

그렇기 때문에 개가 자신을 사람이라고 생각할 가능성은 매우 낮은 것이죠.

개와 원숭이를 사이좋게 만드는 것은 가능할까?

서로 사이가 나쁜 것을 '견원지간'이라고 표현합니다. 그런데 정말로 개와 원숭이는 사이가 나쁜 걸까요? 사실 **개와 원숭이를 사이좋게 만드는 것은 가능합니다.** 개는 다른 동물과 비교해도 사회성이 뛰어난 동물이라서 다른 종과도 사이 좋게 지낼 수 있습니다.

96쪽과 102쪽에서 이미 설명했듯이 개의 생후 3~12주는 사회화기라고 부르며, 자신을 둘러싼 환경에 적응해 나가는 시기입니다. 개는 이 시기를 거치면서 위험한 것과 그렇지 않은 것을 구별할 수 있게 됩니다.

사회화기 중에서도 생후 3~5주간은 **임프린팅** imprinting처럼 아주 짧은 시간의 접촉만으로도 개는 민감하게 흡수하는 시기입니다. 즉 이 사회화기에 원숭이와의 접촉 시간이 많다면 원숭이에게 적응하여 원숭이와 사이좋은 개가 되는 것입니다. 원숭이뿐만 아니라 고양이나 다른 동물이라도 마찬가지입니다.

1972년에 발표된 개의 사회적 접촉을 조사한 Cairns와 Werboff의 실험에서는 토끼와 접촉할 기회(24시간 이내의 간이적 접촉)를 가진 생후 4주 정도의 개는 토끼와 떼어 놓으면 울거나, 토끼가 있는 장소로 돌아가려는 모습이 관찰되었습니다. 이것은 떼어 놓으면 불안이나 스트레스를 느낄 정도로 토끼를 동료라고 느끼고 있다는 것이지요.

이렇게 개는 다른 종의 동물과 사이좋게 지낼 수 있는 유연성이 풍부하기 때문에 **목축견으로서 양이나 소를 외부의 적으로부터 보호하거나, 같은 집에서 고양이와 살아갈 수 있는 것**입니다. 단, 개의 성격이나 견종은 다양하기 때문에 성견이 되어도 새로운 상황을 잘 받아들이는 개도 있습니다.

제4장 강아지를 키우는 사람이 느끼는 소박한 의문

개와 원숭이는 정말 사이가 좋아질 수 있을까?

일반적으로 개는 사회성이 풍부하기 때문에 다른 종과도 사이 좋게 지낼 수 있어요.

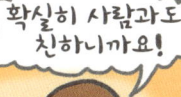

확실히 사람과도 친하니까요!

특히 사회화기에 접하게 되면 쉽게 친해지죠.

... 뭐, 사람 사이에도 궁합이라는 게 있으니까요 ...

39. 집을 떠난 후 몇 년이 지나도 개는 기억하고 있을까?

새끼일 때부터 함께 살았지만 본가를 몇 년 동안 떠나 있었습니다- 반려견은 나를 기억하고 있을까요?

개는 정확히 기억하고 있습니다. 개는 새끼 때 경험한 냄새를 몇 년이 지나도 기억하고 있다는 것을 증명한 실험이 있습니다. 이 실험에서는 8~12주쯤 어미 개와 떨어진 뒤 2년간 전혀 접촉이 없어도 어미 개와 새끼 강아지는 서로의 냄새를 인식할 수 있다고 합니다. 최장 10년간 떨어져 있어도 기억했습니다.

개는 개들 사이에서만이 아니라 사람이나 브리더의 손 냄새도 잘 기억합니다. 4년, 길면 9년간 떨어져 있어도 개는 그 브리더의 냄새를 기억합니다. **개는 어렸을 때 만났던 좋아하는 사람이나 개의 냄새를 잊어버리는 일은 없습니다.**

그렇다고는 하더라도 '오랜만에 본가에 돌아왔는데 반려견의 태도가 쌀쌀맞아'라는 일도 왕왕 있습니다. 반려견이 당신을 기억하고 있다고 해도 **유대까지 남아있는지 어떤지는 별개**이기 때문입니다.

예를 들면 본인 입장에서는 대학 진학이나 취직 때문에 어쩔 수 없이 집을 나갔다고는 해도 그런 이유를 개가 알 리 없습니다. 개 입장에서는 '그렇게 항상 함께였는데 당신은 어느 날 갑자기 집을 나갔다'고 밖에는 생각할 수 없는 것이지요.

저에게 주로 상담해오는 가장 많은 문제 행동은 견주에게 하는 공격 행동이지만, 대부분의 경우 '애초에 견주와의 유대가 생기지 않았다', '견주와의 유대가 붕괴되어 있다'는 것이 원인입니다.

제4장 강아지를 키우는 사람이 느끼는 소박한 의문

떨어져 있어도 개와는 유대를 유지하고 싶다면 가끔씩 만날 수 있는 기회를 최대한으로 이용하여 제대로 돌봐주고, 놀아주자

개도 샴푸를 하면 기분이 좋을까?

많은 사람들은 뜨거운 물로 샤워하고 샴푸를 할 때, 거품을 씻을 때 '기분이 좋다'고 느끼지요. 그렇다면 과연 개도 샴푸를 하면 기분이 좋다고 느낄까요?

이것은 물에 젖는 것에 저항이 있는지 없는지가 결정하는 것이기 때문에 개의 성격에 따라 다릅니다. 또 견종에 따라서 물을 좋아하는 타입과 싫어하는 타입이 나뉩니다.

물을 좋아하는 타입은 주로 바다나 천 같은 물 주변에서 활약하기 위해 개량된 견종입니다. 예를 들면 바다에서 어부의 작업을 도와주기 위해 개량되어 현재도 해난구조견으로서 활약하는 뉴펀들랜드는 물을 좋아합니다. 그 때문에 물에 젖는 것을 신경쓰지 않으며, 샴푸 하기도 문제없습니다.

그러나 물에 젖는 것을 싫어하는 견종은 샴푸도 싫어합니다. 목욕을 하며 안정을 취한다는 것은 기대할 수 없습니다. 그러기는커녕 무리하게 샴푸를 시키거나, 욕조에 넣으면 더욱 물을 싫어하게 되는 경우도 있습니다. 물을 싫어하는 개의 경우 처음에는 발만, 그러다가 조금씩 몸 전체를 적셔가며 적응할 수 있도록 해 줍니다.

샴푸를 꺼려하는 것뿐만 아니라 목욕 후의 드라이어를 꺼려하는 개도 있습니다. 집에서 목욕을 해도 '난폭하게 굴어서 털을 말릴 수 없다', '무서워하니까 애견 미용실에 데려가지 못해'라는 등의 고충을 호소 하는 사람도 많습니다. 사회화기에 드라이어 소리에 익숙하게 만들어서, 얌전히 말릴 수 있도록 버릇을 들여 놓는 것이 좋습니다. 이때도 물론 무리하게 제압하거나 하지 말고 간식을 주거나 장난감으로 놀아주면서 길항조건부여(70쪽 참조)를 합시다.

샤워나 목욕을 좋아할지는 견종에 따라서도 매우 다릅니다.

뉴펀들랜드는 샤워나 목욕을 좋아하는 경우가 많습니다. 하지만 치와와는 별로 좋아하지 않지요.

덧붙여서 제가 키우는 토이 푸들은 '목욕할래?'라고 말하면 맹렬하게 유아용 욕조를 향해 뛰어들어가 욕조에서 오리 장난감을 밖으로 꺼냅니다. 이것은 푸들이 사냥꾼이 쏘아서 떨어진 새를 물가에서 회수하기 위한 견종이기 때문입니다.

개도 사람처럼 흉내를 낼까?

저녁 식사 때가 되면 사람처럼 식탁 의자에 앉는 개나, 집에 사람이 오면 어느새 인가 터줏대감인 양 짖어대는 개가 있습니다. 개는 사람이나 다른 개의 흉내를 내기 때문일까요? 맞습니다. 개도 흉내를 냅니다. 게다가 무엇이든지 흉내 내는 것이 아니라 상황에 맞춰 **자기 자신에게 이익이 있다고 예상되는 것을 흉내 내는 것**입니다.

그것을 증명한 흥미로운 실험이 있습니다.

나무 막대를 밑으로 당기면 상자가 열려 먹이가 나오는 장치가 있습니다. 그러면 개는 효율이 좋은 입을 사용해 막대를 당기고 먹이를 획득하는 행동을 많이 보입니다. 그러나 입이 아닌 앞발을 이용하여 막대를 당기는 훈련을 미리 받은 개의 행동을 다른 개에게 보여주면 **앞발을 이용하는 개의 행동을 흉내 내게 됩니다**.

더욱 흥미로운 사실이 있습니다. 이번에는 앞발을 사용하여 막대를 당기는 훈련을 받은 개의 입에 공을 물린 경우와 그렇지 않은 상태(공을 물리지 않은 상태)에서 앞발을 이용하여 막대를 당기는 모습을 다른 개에게 보여주었습니다.

그러면 공을 물며 앞발로 막대를 당기는 개를 본 다른 개는 앞발이 아닌 입을 사용해 막대를 당기고, 공을 물리지 않은 상태에서 앞발로 막대를 당기는 개를 본 다른 개는 앞발을 사용하여 막대를 당기는 모습을 보였습니다.

이것이 어떤 의미인가 하면, 개는 상황에 따라 흉내를 낼지 안 낼지를 판단하고 있다는 것입니다(Friederike Range et al., 2007).

제4장 강아지를 키우는 사람이 느끼는 소박한 의문

우리 개는 밥 먹을 때 사람이 앉는 의자에 다소곳이 앉아요.
사람 흉내를 내는 것일까요?

그렇습니다. 개는 사람 흉내를 냅니다.

게다가 단지 흉내만 내는 것이 아니라 상황에 따라 '흉내 내면 좋은 일이 생긴다'는 것을 배우고 흉내 내는 것입니다.

이렇게 하면 칭찬해 주겠지.

나무 막대를 아래로 당기면 상자가 열려 먹이가 나오는 장치

가장 효율이 좋은 것은 입을 사용해 막대를 당기는 것

그러나…

시범을 보이는 개가 앞발을 이용해 나무 막대를 당기면 다른 개도 앞발을 이용한다. → 다른 개의 흉내를 냈다.

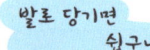

입을 못 쓰니까 발을 사용하는 건가

발로 당기면 쉽구나

① 공을 물리면   ② 공 없음

입으로 한다.   발로 한다.

개는 상황에 따라서 앞발을 사용할지 안 할지를 판단한다.

제4장 강아지를 키우는 사람이 느끼는 소박한 의문

최초 실험에서는 앞발을 사용하면 입을 사용하는 것보다 무언가 좋은 점이 있을 것이라고 생각해 흉내를 냈습니다. 하지만 그 다음의, 입에 공을 물리는 상황에서는 흉내를 내지 않았지요. 이것은 '(공을 물고 있어서)앞발로 당기지 않으면 안 되는 상황이구나' 라는 것을 이해하고 보다 효율이 좋은 입을 사용해 막대를 당긴 것입니다.

사람을 포함한 모든 동물은 진화의 과정에서 자기 자신에게 득이 되는 선택을 하여 생존율을 높여 갑니다. 선배 개가 사냥하는 모습을 흉내 내는 행동도 당연한 것일지도 모릅니다.

여기서 주의해 둘 것은, <mark>개를 키우는 우리들에게는 곤란한 행동이라도 개에게는 좋은 점이 있다면 그 행동을 흉내낸다는 점입니다.</mark>

개를 여러 마리 키우고 있는 집에서 나중에 들인 개가 원래 살던 개를 흉내 내어 손님이 오면 짖거나 달려드는 경우도 있습니다. 먼저 살던 개가 영역 의식이 강하여 짖는 모습을 보고 배워, 집에 사람이 오면 짖는 것은 '아~ 이렇게 하면 수상한 사람이 오지 않는구나'라고 흉내를 내기 때문이지요.

개에게 간식을 주면 안되는 걸까?

여러분들은 반려견에게 간식을 주나요? '밥을 먹지 않게 될까봐 주지 않아', '개에게 간식은 필요 없어'라는 의견을 개를 기르는 분들에게 듣기도 합니다.

아침과 저녁에 충분히 먹이를 먹는 개에게는 간식이 필요 없을지도 모릅니다. 그렇지만 간식을 상으로 주어 트레이닝할 때 반려견에게 의욕을 불어넣거나 매일의 낙으로 삼고 있지는 않나요?

행동학에서는 행동의 빈도가 높아지는 것을 강화라고 합니다. 개에게 있어서 기쁜 일이나 좋아하는 물건(**강화자**라고 합니다), 즉 상이 있을 때 강화가 일어납니다. 예를 들면 앉기 훈련의 성공률을 높이고 싶을 때는 강화자(상)가 필요합니다. **간식은 훌륭한 강화자**가 됩니다.

트레이닝에는 간식이 아닌 사료만을 사용한다고 하는 견주도 있을지 모릅니다. 물론 사료를 받고 기뻐하는 개도 있지만, 사료와 간식 중에서는 역시 간식을 받는 쪽이 당연히 더 기쁠 것입니다. 개에게 상이 되지 않는다면 강화자가 되지 않고, 당신이 개에게 바라는 행동(이 경우라면 앉는 것)도 증가하지 않습니다. 반려견을 칭찬하거나 쓰다듬어 주면, **그때에 반려견이 해 주었으면 하는 것이 강화자가 되기 때문에** 반려견의 기분을 고려하며 때와 상황에 따라 사용해야 합니다. 그렇지만 간식만 주면 비만의 원인이 되기도 하고, 앞서 말했듯이 사료를 먹지 않게 되는 경우도 있습니다. 무엇이든지 적당한 것이 가장 좋기 때문에 간식을 현명하게 이용하도록 합시다.

매일의 즐거움도 된다!!

제4장 강아지를 키우는 사람이 느끼는 소박한 의문

개에게 간식은 사료보다도 좋은 것이기 때문에 트레이닝의 강화자로서 훌륭하게 사용할 수 있다. 단, 마구 주거나 주인의 기분대로 주거나 하는 것은 권장하지 않는다.

1회 분의 양을 잘게 찢으면 소량의 간식으로도 즐겁게 트레이닝 할 수 있다

잘게 찢은 간식을 몇 번씩이나 받는다면 개도 즐거움이 증가 한다

개는 목줄을 하기 싫어 할까?

'**목줄**을 좀처럼 하지 않으려고 하니까 산책도 못 가요'. 제가 견주분에게 자주 듣는 고민 중 하나입니다.

첫 산책 날이 다가오면 개에게 목줄이나 리드를 거는 훈련을 합니다. 그러나 목줄을 걸자마자 인형처럼 그 장소에서 움직이지 않게 되는 어린 개나 목줄을 싫어하여 짖거나 난폭해지는 개도 있습니다.

반대로 주인이 산책에 가려고 목줄이나 리드를 손에 쥐면, 개가 기쁜 나머지 흥분하여 날뛰거나, '나 잡아봐'라고 말하는 듯이 술래잡기가 시작되는 경우도 있습니다. 이처럼 목줄을 걸지 못하는 이유도 여러 가지입니다.

많은 개들은 처음에는 목 주위에 위화감을 느끼기 때문에 목줄을 싫어합니다. 우리가 갑자기 목줄을 두르게 된다고 상상해 보세요. 결코 기분이 좋지는 않을 것입니다.

여기서 중요한 것은, 개가 '목 주위에 이상한 것이 있다'는 느낌을 싫어하지 않게 되도록 적응시키는 것입니다. 어린 강아지라면 좋아하는 간식을 주면서 목줄을 걸거나 목줄을 건 채 장난감으로 놀아주거나, 목줄과 즐거운 것을 관련지어 주어 목 주위의 위화감에 익숙해지도록 만듭니다. 반대로 목줄에 너무 적응시키려고 도망가는 개를 무리하게 제압하면 점점 더 목줄을 싫어하게 되므로 주의해야 합니다.

어린 강아지가 목줄에 적응하면 산책에 갈 때 '제대로 앉게 한 뒤 목줄을 건다' 등 규칙을 정해 두면 좋겠지요. '앉아서 목줄을 걸면 산책을 갈 수 있어'라고 학습하면 **목줄을 싫어하는 것을 극복할 수 있을 것**입니다.

처음으로 하는 리드 줄

… 역시 처음에는 싫어하네 …

여기서 무리하게 쫓아다니거나 혼내면 안돼요.

목줄과 즐거운 것을 연결 지어 '목줄을 하는 것도 나쁘지 않구 나'라고 생각하게 해주세요.

흥분해버린다면 앉게 하고 나서 걸어 주세요. 그렇지 않으면 목줄을 하지 않게 됩니다.

… 그렇기는 하지만 우리 개도 목줄을 거는 순간에 하품(커밍 시그널)이 나오는 걸 보면 기본적으로는 싫어한다는 것이지만요.

인지증인 노견하고는 어떻게 생활할까?

하기무리 케지(카모가와 동물 클리닉 원장)

동물의료기술과 견주의 동물애호정신의 향상에 따라 동물 고령화가 진행되고 있습니다. 그것와 동시에 다양한 병에 걸릴 확률도 증가하고 있습니다.

사람에게 인지증(이전에는 치매라고 불렸다)이 있듯이 개에게도 인지증이 있습니다. 그러면 인지증에 걸린 개는 어떤 식으로 대하고 어떻게 대처하면 좋을까요? 일단 인지증 개는 심장병, 신장병, 종양, 관절 질환, 호르몬 질환 등 다양한 질환이 함께 나타날 경우가 많기 때문에 일찍 이런 것들을 발견하고 대처하는 것이 필요합니다.

또한 인지증 개는 체온 조절 능력이 저하되어 있기 때문에 겨울철의 보온과 여름철의 열사병에 특히 주의해야 합니다. 그 밖에 계속 누워서 생활하는 경우에는 욕창에 주의하고 시력이나 청력이 극도로 저하되어 있는 경우에는 천천히 일정한 순서로 만져 주는 등 그 개에게 맞는 케어가 필요합니다.

'이제 나이를 먹을 만큼 먹었으니까 어쩔 수 없어'가 아니라 '나이를 먹었으니까 더' 남은 생활을 얼마만큼 충실히 보내게 할 수 있을까를 생각해야 합니다.

동물을 마지막까지 책임지고 간호하는 것은 육체적, 정신적, 그리고 경제적으로도 굉장히 힘듭니다. 그러나 그것은 지금까지 계속 함께 있었던 반려인만이 할 수 있는 일입니다.

만약 개의 케어에 대해 모르는 것이나 불안한 것이 있다면 무엇이든 자주 방문하는 동물 병원에서 상담 받도록 하세요. 동물에게도 가장 좋은 케어 방법에 대해서 함께 생각해 줄 것입니다.

제 5 장
곤란한 행동을 하는 이유를 알자

'마구 짖는다', '간식이 없으면 말을 듣지 않는다', '리드줄을 세게 끌어당긴다' 등의 행동으로 고민하고 있는 사람이 있을 것입니다. 여기서는 왜 개가 이런 곤란한 행동을 하는지 그 이유에 대해서 파헤쳐 보도록 합시다.

쇼핑하고 돌아오면 방이 엉망진창!

'저녁 식사 준비 해야지…' 하고 잠시 집을 비웠다가 돌아오면 커튼이나 쿠션이 너덜너덜해져 있다! 어째서 주인이 없으면 짓궂은 짓을 하는 개가 있는 걸까요? 대부분의 개는 주인이 일이나 용무로 집을 비우게 되어도 그 상황에 대응하여 혼자서 집을 지킬 수 있습니다. 그러나 그 중에서는 주인의 부재 시 상황에 극도로 불안, 패닉, 공포를 느껴 **대응하지 못하는 개**도 있습니다.

개가 주인과 떨어져 있을 때 느끼는 불안감을 심리학 용어로 분리불안이라고 부르는 경우가 있습니다. 이 용어는 최근 일본에서도 많이 알려지게 되었습니다. '불안'이라는 것은 감정의 하나에 불과합니다. 주인과 떨어졌을 때 불안, 공포, 패닉, 낙담, 무료함의 정도는 새끼 적의 경험이나 견종, 성격에 따라서 다릅니다. 그 때문에 분리불안이 아니라 **분리관계장애**라고 부르는 전문가도 있으며 여기서는 이 용어를 사용하도록 하겠습니다.

이러한 감정은 복잡하게 얽혀있어 주인의 부재 상황을 참지 못한 개의 행동에 영향을 미칩니다. 예를 들면 파괴행동(가구나 주인의 물건을 갉아 댄다, 카펫이나 문을 할퀸다), 짖기, 울기, 부적절한 배설 등이 있습니다.

개의 분리관계장애는 주인의 부재 시에 발생하기 때문에 주인이 좀처럼 알아채지 못하고, 주변에서 불평을 해오면서 처음으로 알게 되기도 합니다. 분리관계장애의 가능성이 있을 경우는 부재 시 비디오 카메라를 설치하는 등 개의 모습을 관찰할 수 있도록 준비해 두어도 좋습니다. 단, 분리관계장애는 병이 아닙니다. 주인이 없는 상태에 대응할 수 있는지 없는지, 감정을 컨트롤하여 대처 가능한지 아닌지가 포인트입니다.

제5장 곤란한 행동을 하는 이유를 알자

선생님, 쇼핑하고 돌아오면 이런 일이…

이게 뭐야!!

그건 '분리관계장애' 일지도 모르겠네요.

분리관계장애?

개가 혼자 있을 때 불안이나 패닉, 공포를 느껴 상황에 대응하지 못하게 되는 것이에요. 그 결과, 주변 물건을 씹거나 할퀴거나 하지요…

패닉

월 월

부적절한 배설이나 계속적인 짖음

그렇지만 그 중에서는 이런 경우도 있어요…

맛있겠다

우와아

카펫을 긁어 놓는다.

131

일부러 다리를 질질 끈다? 꾀병?

'최근에 자주 다리를 질질 끌고 다니는데 동물 병원에 데려가 봐도 "아무 문제 없습니다"라고만 한다' – 개도 사람처럼 **꾀병**을 부리는 걸까요?

개는 사람처럼 스스로 꾀병이라고 의식하고 있지는 않습니다. 자신에게 좋은 일이 일어나는 행동을 반복하는 것입니다. 다리를 질질 끄는 것처럼 꾀병과 같은 행동만이 아니라 우리 사람이 볼 때 곤란한 행동이나 이해할 수 없는 행동도 **개에게 좋은 일이 생긴다면 개는 그 행동을 취하게 되는 것**이지요.

짖는 것도 그렇습니다. 개가 주인의 주의를 끌기 위해 짖는 것을 **요구짖음**이라고 합니다. 주인이 '시끄러워!'라고 개에게 화를 내어도 좋아하는 주인이 신경 써주길 바라는 개에게는 '주인이 주목해준다!'라는 의미가 되어 '좋은 일'이 되는 것입니다. 짖으면 화를 내는 것을 반복하면 주인의 주의를 끄는 **요구짖음을 반복합니다.**

이 케이스에서는 개가 상처 난 다리를 질질 끌고 다녔을 때 주인이 다정하게 해주거나, 주인이 모르고 개 발을 밟아 약간 다리를 끌었을 때 '미안해 괜찮아?'라고 쓰다듬으며 안아 주었습니다. 또한 산책 중에 개가 나뭇가지나 돌멩이를 밟고, 발에 나뭇잎이 엉켜서 다리를 질질 끌었을 때 '왜 그래? 괜찮아?'라고 걱정해 준 적도 있었습니다.

이처럼 '다리를 끈다' → '좋은 일이 생긴다(주인이 다정하게 대해준다)'라고 학습하면 개는 좋아하는 주인에게 주목 받기 위해 아프지도 않으면서 다리를 질질 끌고 다니는 행동을 하는 것입니다.

46 곤란한 행동이 점점 늘어나는데······.

주인을 무는 행동, 슬리퍼를 가지고 도망가는 행동, 짓궂은 장난이나 곤란한 행동이 빈번히 일어나게 됐다-그렇게 느낀 적 없나요?

앞의 항목(**45**[132쪽])에서도 조금 설명했지만, 개는 자신에게 이점이 있으면 그 행동을 반복하게 되고 그 빈도도 증가합니다. **42**(122쪽)에서 말했듯이 이것을 강화라고 합니다.

이것은 개만이 아니라 우리 사람도 마찬가지입니다. 어렸을 적에 집안일을 도와드리고 용돈을 받거나 엄마에게 칭찬받으면 '자, 좀 더 열심히 해야지!'라는 마음으로 스스로 집안일을 했던 기억이 있나요?

어른이 되어서도 '시험에서 좋은 점수를 받았다', '업무에서 상사에게 칭찬받았다', '좋은 성과를 냈다' 등이 되면 더욱 의욕을 내어 열심히 하지 않나요? 이것은 **노력 행동**이 강화되었기 때문입니다.

예를 들어 주인이 개에게 앉는 것을 가르칠 때를 떠올려 봅시다. 앉은 결과, '칭찬 받았다', '상을 받았다' 등 좋은 일이 있다면 개는 기뻐하며 앉기를 하게 될 것입니다. '마지못해 앉았다' 혹은 '눈을 빛내며 앉기를 바로 했다'로 앉기가 강화되었는지는 일목요연하게 알 수 있습니다.

이처럼 개에게 있어서 좋은 일이 있다면 그 행동이 강화되어 빈번하게 일어나게 됩니다. 그게 아무리 '주인에게' 안 좋은 일이라도······.

곤란한 행동이 증가했을 때는 개가 그 행동을 한 뒤에 무슨 일이 일어났는지 **개의 마음이 되어** 생각해 보도록 하세요.

제5장 곤란한 행동을 하는 이유를 알자

강화란?

개에게 이점이 있는 경우 그 빈도가 증가하는 것

그렇지만 '좋은 일'도 강화할 수 있어요. 예를 들어 주인이 개의 발을 닦고 싶을 때는 개에게 '발을 닦으면 좋은 일이 있다'고 강화 하면 되는 것이지요.

잘 닦은 후에도 발을 내밀고 있다면 쓰다듬어 주거나 간식을 주도록 하세요.

47 간식이 없으면 말을 듣지 않아요…….

간식이 있으면 앉기도 엎드리기도 할 수 있는데 간식이 없으면 하지 않는 개가 있습니다. 어째서일까요?

개의 학습 방법은 크게 두 가지로 나뉩니다. 하나는 **고전적 조건부여**입니다. '파블로프의 개'가 좋은 예입니다. 먹이를 주기 전에 침을 흘립니다. 이것은 무조건 반사라고 하며 누구에게 배우지 않아도 태어나면서부터 몸에 배어있는 선천적인 행동입니다.

그러나 먹이를 주기 전에 종 울리기를 반복하면 종소리를 듣기만 해도 침을 흘리게 됩니다. 이것은 '먹이 → 침'이라는 무조건 반사에 대해 개가 학습한 '종 → 침'이라는 조건 반사입니다. 단, 이것은 개가 무의식적으로 행하는 행동입니다.

개의 학습 방법 중 또 하나는, **오페란트(조작적) 조건부여**입니다. 개는 삼항수반성이라고도 하는 3스텝으로 학습합니다.

① **자극(계기)**
② **반응(개 자신이나 그 주위에서 일어나는 반응)**
③ **결과**

③의 결과가 개에게 있어서 좋은 것이라면 개는 ①과②의 행동을 관련지어서 ②의 행동을 반복하게 되는 것입니다. 간식이 없으면 앉기를 하지 않는 경우에는 ①의 자극, 즉 계기가 '앉기'라고 하는 말이 아니라 '간식'이 되어 있는 것은 아닐까요? 올바른 순서를 소개합니다.

제5장 곤란한 행동을 하는 이유를 알자

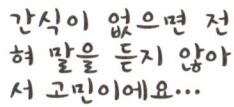

간식이 없으면 전혀 말을 듣지 않아서 고민이에요...

개는 「계기」→「반응」→「결과」로 학습하기 때문이에요.

문제는 '기회'가 간식인 것이에요. 「계기」는 앉기라는 단어가 되어야 한답니다.

무슨 말이에요?

① '앉아'(계기의 말)
② 개가 앉는다
③ 간식을 준다(좋은 일)

이런 순서라면 개는 '앉아'라는 말을 듣고 기뻐하며 앉게 됩니다. 그러나 '앉아'라고 말하면서도 손에 간식을 가지고 있는 것을 개가 알고 있는 경우,

① 간식(계기)
② 개가 앉는다
③ 간식을 준다(좋은 일)

가 되어 계기의 간식이 없으면 앉지 않게 되는 것입니다.

🐾 간식 없이 앉게 하기 위해서는?

그럼 계기를 '앉아'라는 말만으로, 간식이 없어도 앉을 수 있도록 하려면 어떻게 하면 좋을까요? 바로 '개에게 간식을 보여주지 않는다', '가지고 있는 것을 눈치채지 않도록 한다'는 것입니다.

개가 앉았을 때 '어머 럭키~! 간식 줄게!'라고 하면 되는 것이지요. 간식을 가지고 있는 것을 어쩔 수 없이 들켰다면, 과장해서 칭찬해주는 것(간식 없이)만으로도 개의 학습이 매우 달라집니다.

간식은 개의 주의를 끌거나 곤란한 행동을 얼버무리게 할 계기가 아니라 **굴러 들어온 호박**이라는 것입니다. 개에게 '생각지도 못한 좋은 일'로서 훌륭하게 사용해 주세요.

제5장 곤란한 행동을 하는 이유를 알자

이상적인 패턴은 아래와 같습니다.

① 계기

앉아!!

② 반응

③ 결과

자 간식!!

이것을 가르칠 때는 간식을 가지고 있다는 것을 개가 알아채지 못하게 하세요.

어째서 개는 '마구 짖음'을 할까?

 '아무도 없는데 짖는다', '계속 짖는다' – 이것을 흔히 **마구 짖음**라고 합니다. 하지만 이것은 결코 '마구' 짖는 것이 아닙니다. **개에게 있어서는 의미가 있는 짖음**입니다.

① 요구 짖음

 '멍……. 멍!' 이라고 몇 번씩 큰 소리로 짖는 방식입니다. 주인이 개의 요구를 알아채지 못하고 마구 짖는 거라고 생각하는 경우가 가장 많은 방식이지요. 예를 들면 주인이 식사하고 있을 때 자신의 식사 시간 전에 짖는 것이 요구 짖음입니다. '빨리 줘!' 라는 요구지요. 또 주인이 전화를 하거나 손님과 떠들고 있을 때 계속 짖는 것도 요구 짖음입니다. 이것은 '신경 써줘!'라는 의미입니다. 모르는 사이에 주인이 요구에 응하는 경우가 많은 짖음이기도 하지요.

② 경고의 짖음

 '왈 왈 왈' 하고 계속 짖습니다. 집에 있을 때 무언가 소리가 나면 '수상하다!'거나, 벨이 울리면 '누군가 온다!'고 주변 사람에게 알리는 것입니다. '조용히 해!'라고 큰 소리로 호통치면 개는 더욱 흥분하여 격하게 짖어 대는 경우도 있습니다.

③ 으르렁거리다, 울다

 개는 '우~!' 하고 낮게 으르렁거려 분노나 경고를 상대에게 전하고, '끼잉끼잉' 하고 울어서 외로움이나 불안을 전하며, '깨갱!' 하고 울어서 아픔을 전합니다.

 이처럼 개는 커뮤니케이션 수단으로서 소리를 사용하기 때문에 짖는 법이나 우는 법을 제대로 이해하는 것은 개의 마음을 읽을 수 있는 수단이기도 한 것입니다.

제5장 곤란한 행동을 하는 이유를 알자

개 입장에서는 마구 짖는 것이 아니다. 짖는 것에 의해서 요구가 충족되면 몇 번이고 반복하며 강화된다. 짖어도 소용없다고 생각하게 하는 것이 중요하다

'Speak'라고 하는 명령을 사용하여 개를 의식적으로 짖게 할 수 있다. 이것이 가능하면 짖는 행동을 컨트롤 할 수 있다

49 왜 리드 줄을 세게 당기는 걸까?

도대체 왜 개는 리드 줄을 세게 당기는 걸까요? 개에게 밖의 세계는 매력적인 장소입니다. 일단 밖에 나가면 집 안에 있는 것 보다 더욱 자극적이며 다른 개나 냄새로 가득 차 있는 공원이나 근처 정보를 수집할 수 있는 장소로 발걸음을 재촉합니다. 이때 리드 줄을 당기는 것은, '리드 줄을 당긴다' → '앞으로 간다' 즉 개에게 있어서 좋은 일이 있다고 학습되어 있기 때문입니다. '힘이 넘치니까 어쩔 수 없어요…….'라고 넘기면 큰 사고를 일으킬 수 있습니다.

예를 들어 차도 반대쪽에서 다른 개를 발견하여 급히 리드를 당겨 자동차에 치이거나 급히 리드를 당겨 주인이 엎어져 골절상을 입는 경우도 있습니다. '대형견이 아니라서 안심'이라고 생각할 수 있지만 순간적인 힘은 소형견이라도 상상 이상입니다. 긴장을 늦추고 있다가 사고에 휘말릴 수도 있습니다. 미연에 사고를 방지하기 위해서라도 평소에 리드를 당기지 않도록 연습해 두어야 합니다.

그럼 어떻게 하면 좋을까요? 흔히 리드를 당기면 '기다려!' 하고 리드를 반대쪽으로 당기는 분들이 있습니다. 그렇지만 이것은 별로 권장하지 않습니다. 줄이 당겨지면 개는 반동으로 다시 당기고 싶어지기 때문입니다.

개가 '리드를 당기면 앞으로 간다(개에게 있어서 좋은 것)'라고 학습했다면 개가 리드를 당겼을 때 바로 딱 멈춥니다. 그리고 개가 당기는 것을 그만두면 앞으로 갑니다. '당긴다 → 앞으로 나가지 않는다', '당기지 않는다 → 앞으로 나간다'고 개가 재학습 하면 OK입니다.

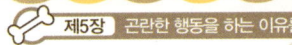

우리 개는 리드를 세게 당겨서 산책이 너무 힘들어요...

질질질

어렸을 적 누군가와 마음에 드는 장난감을 사이에 두고 뺏으려고 필사적으로 당긴 적이 있지 않나요? 누군가가 당기면 나도 당기고 싶어지는 것은 개도 마찬가지입니다.

확실히 그렇네요...

서로 끌어당겨도 소용없어요. 개가 당기면 그대로 멈추세요. 당기는 것을 멈추면 걷기 시작하는 거에요.

그렇게 하면 '당기지 않으면 산책을 갈 수 있다'고 학습되는 것입니다.

그래도 힘이 강하면 젠틀 리더를 사용해보세요.

왜 먹지 못하는 것을 먹는 걸까?

이물질 섭취는 먹는 것이 어떤 것이냐에 따라 원인이 달라진다고 합니다. 풀 등을 먹는 것은 위장 상태를 조절하기 위해서입니다. 하지만 자극 없는 생활에서 만성적인 스트레스를 받으면 이물을 먹는 경우도 있습니다. 일단 몸 상태가 나쁘진 않은지 수의사에게 진찰 받아보도록 하세요. **주워 먹기는 일어난 뒤가 아닌 미연에 방지하는 것이 가장 좋은 해결책**입니다.

그래도 이미 일어난 경우에는 주워 먹기나 실내에서 쓰레기통 뒤지기를 습관화 시키지 않도록 하는 것이 중요합니다. 집 안에서 쓰레기통을 뒤지는 개의 경우 뚜껑이 달려있는 쓰레기통을 두는 것이 좋습니다. 개가 흥미를 가질만 한 티슈 와 같은 것들은 개의 손(입)에 닿지 않는 곳에 놓도록 합니다. 지루하며 자극이 없는 생활을 보내다 보면 집 안에서 탐색 행동을 하기 때문에, 많이 놀아 주고 노즈워크 장난감(안에 간식을 넣고 빼 먹도록 하는 장난감)을 주는 등 하루 생활의 즐거움을 느낄 수 있도록 해주세요.

단, 산책 중일 때나 집 안에서 개가 이물을 먹었을 때, 주인이 당황한 나머지 무리하게 입 안에서 빼내려고 하는 경우가 많습니다. 그러나 이것은 역효과를 불러일으킵니다. 어렸을 적 평소에는 무관심하게 두었던 장난감이라도 다른 아이가 갖고 싶어 한다면 갑자기 소중하게 생각되어 주고 싶지 않았던 경험이 있지 않나요?

개도 마찬가지입니다. 우리가 당황하여 입에서 빼내려고 하면 할수록 개는 소중한 것이라고 생각하여 '넘겨줄 수 없지!' 하며 삼켜버리는 것입니다. 그 때문에 평소부터 개에게는 '놔둬' 등의 **입안의 것을 뱉어 내도록 하는 명령을 가르쳐 두도록 하는 것**이 좋습니다.

제5장 곤란한 행동을 하는 이유를 알자

주워 먹는 게 심한데… 먹보라서 그런 걸까요?

에너지가 넘치는 활동적인 견종이나 젊은 개에게 많습니다.

먹보라기 보다는 탐색 계통의 문제이지요.

탐색 계통 이라면?

개에게 필요한 행동을 '하려고 하는' 마음입니다. 개의 감정 중 하나입니다.

이성 / 사냥감 / 모터패턴 ← 개의 일련의 행동

바로 사냥감을 얻는 기쁨보다도 사냥감을 얻으려고 할 때 두근거리는 마음이에요…
남자가 상대를 설득하여 납득시키기까지의 과정을 즐기는 것과 같은 느낌이지요.

열 받아!!! (#ㅇㅁㅇ)

뭔가 안 좋은 기억이라도!?

실례했습니다. 일상 생활에서 탐색 계통을 만족하는 이벤트를 늘려 주세요.

예를 들면 콩에 간식을 넣어 주거나 여러 곳에 간식을 숨겨 두어도 좋습니다.
공놀이도 좋아요.

… 잠시 후

이제 주워 먹지 않아요!!

일상생활이 문제 행동의 원인인 경우가 많지요.

제5장 곤란한 행동을 하는 이유를 알자

한마디로 사냥개라고 해도 하운드나 포인터 등 견종에 따라 모터 패턴이 다르다. 하운드는 냄새를 더듬으며 사냥감을 잡지만 포인터는 사냥감을 눈으로 찾아서 잡는다

골든 리트리버는 '사냥감을 찾아 문다'라는 모터 패턴을 가지고 있기 때문에 공놀이를 매우 좋아한다. 리트리버라는 이름처럼 '가지고 오는(회수하는) 행동'이 특히 강화되어 있다

51. 개의 탐색 계통은 무엇일까?

미국의 신경과학자 자크 파크세프Jaak Panksepp박사는 '동물에게는 탐색, 패닉, 분노, 공포, 유쾌, 놀이, 위로라는 7종류의 정동이 있다'고 말했습니다. 그 중에서도 **탐색 계통**seeking system은 **활동적이고 호기심이 왕성한 개에게 필수불가결한 정동**으로, 이런 마음을 충족시키기 위해서 충분한 탐색 행동을 하지 않으면 곤란한 행동이 나타나게 됩니다.

그것은 **50**(146쪽)의 주위 먹기나, 자신의 손과 발을 계속해서 핥는 정형행동, 이불이나 인형 장난감을 갉아 먹는 파괴 행동으로 나타나기도 합니다. 견종과 성격에 따라 형태를 달리하여 문제 행동으로서 나타나는 것입니다. 이러한 개의 문제 행동의 배후에는 탐색 행동 부족이라는 원인이 숨겨져 있는 경우가 있습니다.

그러나 이 탐색 계통이란 어떤 정동, 마음일까요? 그것은 '선천적인, 목적을 얻으려고 하는 마음'입니다. 예를 들어 야생 생활에서는 사냥감을 먹는 것이 아니라 사냥감을 잡아 먹는 과정, 사냥감의 냄새를 추적하고 날개를 잡아 뜯어 살을 찢는 이런 일련의 과정이 탐색 계통을 충족시킵니다.

탐색 계통은 현재에는 야생 생활을 하지 않는 개만이 아니라 인간에게도 있습니다. 예를 들면 큰일을 맡았을 때 그것을 완수할 때까지의 성취감이나, 선물을 받았을 때 포장을 열며 두근두근하는 느낌 등입니다. 일의 성과 그 자체나 선물의 내용물이 아니라 **결과를 얻기까지 두근두근하는 마음이야말로 탐색 계통의 정동**인 것입니다.

이 두근두근하는 마음을 충족시켜 동물은 보상계 도파민에 의해 행복함을 느끼고 그 행동은 강화되어 반복됩니다.

제5장 곤란한 행동을 하는 이유를 알자

파크세프의 7가지 정동

두리번 두리번
탐색

분노

유쾌

위로

패닉

공포

놀이

52 갑자기 화장실에서 용변을 보지 않게 되었다

① 주인이 없을 때나 혼자 집을 지킬 때

주인이 부재중일 때나 개와 떨어져 있을 때만 일어난다면 44에서 설명한 분리관계장애일지도 모릅니다. '날 혼자 뒀어!'라고 개가 화풀이한다고 느끼는 분들이 많지만 이것은 화풀이보다도 오히려 패닉이나 불안을 느껴 방광이나 항문 컨트롤이 안되어 '실수'를 했을 가능성이 큽니다.

② 만성적인 스트레스

만성적인 스트레스가 원인인 경우도 있습니다. '갑자기 화장실을 가리지 않게 되었다'고는 말하지만 정말 갑자기일까요? 부적절한 배설이 일어나기 수일 전 혹은 수주 전에 개 주변에서 어떠한 변화가 일어나지는 않았나요? 예를 들어 '애견 호텔에 개를 맡겼다', '주인이 입원했다', '새로운 가족이 늘었다' 등입니다. 우리들 사람은 그다지 마음에 두지 않았던 아주 사소한 변화인지도 모릅니다. 하지만 개는 어떤 스트레스를 받았을 가능성이 있습니다.

③ 호르몬 영향

생후 4~8개월쯤인 어린 강아지의 경우 지금까지 화장실에서 잘 배변을 해 왔는데, 어느 순간 못 하게 되는 경우도 있습니다. 이것은 호르몬의 영향일 가능성이 있기 때문에 당황하지 말고 한번 더 끈기 있게 교육을 시키도록 하세요.

④ 신체적인 질환

원인이 무엇인지 어떤 것도 짐작이 가지 않을 때는 신장 질환이나 인지증의 가능성을 염두해 두어 봐야 합니다. 이 경우는 동물 병원에서 진찰 받도록 하세요.

제5장 곤란한 행동을 하는 이유를 알자

집을 비우면 항상 짓궂은 짓을 해놔요…

짓궂은 짓이 아니라 분리관계장애네요.

개가 주인과 떨어져 있을 때 공포, 불안, 패닉, 낙담 등을 느껴 행동에 영향을 받는 것입니다.

불안에서 오는 긴장으로 방광이나 장의 컨트롤이 되지 않아 실수하는 경우가 있는 것이지요. 짖거나 가구를 발톱으로 긁는 개도 있습니다.

하지만 주인이 없으면 단순히 까불며 장난을 하는 개도 있기 때문에 동영상을 찍어보는 것도 권장합니다.

개가 상처를 입었을 때, 상처를 입혔을 때

이시이 카즈아키(코우키종합법률사무소 변호사)

개를 키우는 이상, 개를 둘러싼 트러블에도 법률이 관계하고 있을 수밖에 없습니다. 견주가 가장 신경이 쓰이는 것은 자신의 개가 상처 입었을 때와, 반대로 자신의 개가 다른 개에게 상처를 입혔을 때 법률상 어떻게 되는 것인지에 대한 것이 아닌가요?

일단 자신의 개가 상처를 입은 경우, 주인은 개에게 상처를 입힌 상대에게 손해배상을 청구할 수 있습니다. 상대가 개라면 그 주인에게 청구하게 되겠지요[※]. 그러나 개(를 포함한 반려동물 전반)는 법률상으로 사람이 아니고 '물건'으로서 취급되어 배상액이 반려동물 구입 금액 범위로 한정되어 있는 등 다양한 규제가 부과되어 있습니다. 한편, 사람처럼 사보험제도가 없기 때문에 개의 치료비는 보통 고액이 들게 되는데다가 전액 견주 부담이 됩니다. 소중한 개가 부상을 입어 고액의 치료비를 부담하지 않으면 안 되는데 상대에게서는 충분한 손해배상을 받을 수 없어서 엎친 데 덮친 격이지만 아쉽게도 이것이 일본의 실정입니다.

반대로 키우던 개가 타인이나 타인의 물건(반려동물을 포함하는)을 상처 입힌 경우 기본적으로 주인이 상대에 대해 손해배상책임을 부담합니다. '주인이 잠시 개의 리드를 풀고 눈을 돌린 사이에 타인을 물어 상처를 입혔다'라는 것 같은 부주의로 인한 것이라면 상대의 부상 정도에 따라 몇 백만엔의 배상책임을 질 수도 있습니다.

이처럼 개가 피해자가 될 때도 가해자가 될 때도 개와 그 주인에게 있어서 엄격한 현실이 기다리고 있습니다. 치료비를 보상해주는 반려동물 보험도 있으나 개가 가해자가 되었을 때는 대응할 수 없습니다. 개를 평소에 잘 지켜보고 교육하여 불필요한 트러블에서 지키는 것이 최선의 대비책입니다.

※고의로 사고를 일으키는 등 악질적인 경우에는 형법이나 동물보호법의 벌칙이 해질 경우도 있다

제6장
마음을 파악하여 능숙하게 가르치기

개에게 상이란 간식이나 주인에게 칭찬받는 것만이 아닙니다. 개의 마음을 정확히 파악할 수 있다면 간식 없이도 즐겁게 훈련이 가능하고 주인과 강한 신뢰관계도 쌓을 수 있습니다.

사람과 상하 관계가 있을까?

'우리 개는 자신을 주인보다 위라고 생각하는 것 같아요'. 문제 행동으로 고민하는 견주 분들이 반드시라고 해도 좋을 정도로 하는 말입니다. '어째서 그렇게 생각하나요?'라고 질문하면 '제가 말하는 것을 전혀 듣지 않아서요'라고 말합니다. 그렇지만 개가 주인이 말하는 것을 듣지 않는 것은 '자신이 위라고 생각해서'일까요?

독자 중에서도 '개는 자신이 주인보다 위라고 생각한다', '개는 가족에게 서열을 붙인다'라고 생각하는 분이 많을 것이라고 생각합니다. **개가 상하 관계를 만든다고 하는 사고방식은 늑대 무리**pack**의 규칙으로부터 온 것**입니다. 그러나 이 규칙은 동물원 등 격리된 환경에서 사육된 늑대의 부자연스러운 무리의 행동에서 온 것으로 원래 **자연계에 있는 늑대 무리에서는 볼 수 없는 행동**입니다.

왜냐하면 원래 늑대 무리는 주로 가족으로 구성된 협력적인 무리이며, 항상 하위 늑대가 보스 자리를 노리는 계급사회 무리가 아니기 때문입니다. 쓸데없이 싸워서 부상 당하면 생사와 직결됩니다. 엄격한 자연계에서 살아남아 자손을 남기기 위해서는 가족끼리 협력하고 무리 생존율을 높일 필요가 있는 것이지요.

늑대 무리는 **알파**라고 하는 수컷과 암컷의 페어, 그리고 그 아이들이나 가족으로 구성되어 있습니다. 하지만 우리가 생각하는 것처럼 '알파 늑대는 가장 신분이 높으니까 무엇이든 하고 싶은 대로 한다'는 것은 아닙니다.

선?

알파 늑대의 최대 특권은 번식할 권리를 가지는 것입니다. 그렇기 때문에 항상 제일 먼저 사냥감을 얻는 것도 아니고 항상 선두에서 걸으며 이동하지도 않습니다. 어린 늑대가 있으면 앞에서 먼저 사냥감을 주기도 하고 번식 시기 등에는 암컷 늑대를 지키기 위해 가장 뒤에서 걷습니다.

그러나 과거에 격리된 늑대 무리의 행동을 잘못 해석하여 '보스인 인간이 먼저 식사를 하지 않으면 개가 자신을 위라고 생각한다', '산책 시에 개가 앞에서 걷는 것은 자신이 보스라고 생각하기 때문이다'라는 상하 관계를 강조한 사고방식이 유포 되었습니다. 이 사고방식은 지금도 훈련의 일환으로서 신뢰 받고 있습니다.

애초에 알파 늑대가 갖는 최대의 특권인 '번식할 권리'는 사람(주인)과 싸우는 것이 아니기 때문에 상하 관계는 필요하지 않다. 개가 말을 듣지 않는 것은 상하 관계 때문이 아니다. 개와 좋은 관계를 쌓기 위해서는 신뢰 관계와 선 긋기가 중요한 것이다.

제6장 마음을 파악하여 능숙하게 가르치기

네…
전혀 선을 긋고 있지 않았어요.

그것은 마치 손자가 조르면 무제한으로 용돈을 주는 할아버지 할머니와 같네요.

면목 없습니다…

개에게 필요한 것은 안 되는 것은 안 된다고 제대로 말해주는 믿음직스러운 아빠나 엄마입니다. 물론 함께 놀아주는 동료가 되어줄 필요도 있습니다.

개 사이에서 상하 관계는 있을까?

두 마리 이상 개를 키우고 있는 가정에서는 개 사이의 관계성으로 골치를 썩고 있는 분도 있을 것입니다. 간식이나 장난감 같은 소중한 물건의 쟁탈전, 주인에게 주목 받고 싶어서 일어나는 개들 사이의 싸움 등입니다.

이때 흔히, '나중에 온 개가 원래 살던 개를 밑으로 보고 있다'라든가 '원래 살던 개가 자신을 보스라고 생각하고 있다' 등 개 사이의 상하관계가 문제가 되는 경우가 있습니다.

개 사이의 상하 관계, 서열 붙이기는 53(156쪽)에서 설명했듯이 격리된 환경에서 늑대 무리의 행동을 기반으로 하고 있습니다. 그러나 늑대와 다른 개에게 정말로 상하 관계나 서열이 있는 것일까요?

보통 우리가 생각하는 '서열이 위'인 개의 이미지는 상위 개가 하위 개를 지배하며 '개에게 소중한 것은 상위 개가 항상 먼저 차지할 권리를 가지고 있다'고 하는 것이지요. '소중한 것'은 먹이나 장난감, 주인의 관심일지도 모릅니다. 그리고 하위 개는 항상 상위 개의 뒤에서 때로는 소중한 것을 전혀 차지하지 못한다는 이미지가 있을지도 모릅니다.

보다 더 탐내는 쪽이 가진다?

그러나 실제로 여러 마리를 키우는 곳의 생활을 들여다 보면, '먼저 식사를 차지하는 것은 원래 살던 개이지만 장난감을 먼저 가지고 노는 것은 나중에 들어온 개'라는 식으로 **모든 것에 우선권을 가진 개는 별로 없다**고 합니다.

제6장 마음을 파악하여 능숙하게 가르치기

우리는 두 마리 키우고 있는데, 개끼리는 상하 관계가 있는 걸까요?

사실 절대적인 상하 관계는 없다고 합니다.

엥? 없어요?

예를 들면 장난감은 A라는 개가 항상 먼저 가지고 놀아도 간식은 B라는 개가 항상 먼저 먹는 경우가 있습니다.

어느 쪽이 위인지 모르는 걸까…?

아니요. 이것은 상하 관계라고 하기보다도 어느 개가 대상(장난감, 간식)에 집착하고 있는지가 관련되어 있습니다.

 ???

개는 소중한 것을 둘러싼 싸움이 일어날 것 같은 상황, 예를 들어 공이 자신과 다른 개의 눈앞에 굴러 왔을 때 '자신이 그 공을 어느 정도 원하는가'와 '눈앞에 있는 상대 개가 어느 정도 그 공을 원하고 있는가'를 생각할 수 있다고 합니다. 만약 상대 개가 자신보다 공을 필사적으로 원한다면 '싸울 필요 없어'라고 판단하여 공을 포기합니다. 한번 이런 경험을 하면 같은 상황에서 이전의 경험을 떠올려 불필요한 싸움을 피합니다.

'나중에 온 개는 자신이 위라고 생각하기 때문에 원래 있던 개를 무시하고 공을 가진다'고 상하 관계나 서열을 이유로 생각하기 보다, '원래 있던 개보다도 나중에 온 개가 공을 더 가지고 싶어하기 때문에 공을 갖는다'와 같이 **욕구가 강한 쪽이 갖는다**고 생각하는 게 수월할 것입니다.

🐾 일단은 개를 컨트롤 한다

여러 마리를 키우는 경우 **주인의 애정 쟁탈전**으로 고생하는 분도 있을 것입니다. 예를 들어 주인이 외출에서 돌아오면 두 마리의 개가 예쁨 받으려고 앞다투어 주인이 있는 곳으로 뛰어갑니다. 주인은 개들이 싸우지 않도록 '어느 쪽 개가 위인지 아래인지', '쓰다듬는 순서는 어느 쪽이 먼저인지' 등 고민하는 경우도 많습니다.

그러나 상하 관계나 서열을 걱정하기보다도 **일단 개에게 맡기고 필요에 따라 주인이 두 마리 개를 제대로 명령**command**하여 앉히는 등 컨트롤 하는 것**을 권장합니다. 평상시에 주인이 규칙을 제대로 정하면 개들의 다툼을 피할 수 있습니다.

그래요. 사람과는 달리 원래는 별로 필요 없는데 욕심 내서 자신이 갖고 싶어하는 경우는 없어요. 어디까지나 자신이 원하는지 아닌지가 중요합니다.

그렇기 때문에 체구가 큰 개와 체구가 작은 개가 무언가를 가지고 서로 쟁탈하려고 해도 체구가 작은 개가 필사적으로 원한다면 체구가 큰 개가 포기하는 경우도 있는 것이죠.

55 성견이 된 후에 가르치는 것은 무리일까?

어린 강아지는 평균적으로 생후 49일 정도에 위험하다고 느끼는 것을 피할 수 있게 됩니다. 개는 이 시기까지 모르는 것을 보아도 공포보다 호기심을 느껴 가까이 다가가거나 수용할 수 있습니다. 그 때문에 모르는 사람이나 개에게 익숙해지는 것뿐만 아니라 처음 보는 자동차나 청소기의 큰 소리도 잘 받아들이는 시기입니다.

그러나 사회화 시기가 넘고 나서의 환경도 개에게 큰 영향을 줍니다. 개는 **시행착오를 겪고, 경험을 쌓고, 환경에 순응해가는 기술을 배워가며 성장**합니다.

예를 들면 어렸을 적에는 집의 인터폰 소리가 사람이 집에 찾아 온 신호라는 것을 모릅니다. 그러나 성장하면서 경험을 쌓고 인터폰 소리가 울리면 사람이 찾아 온다는 것을 배우게 되면 영역 의식이 강한 개는 경계하여 짖거나 사람을 좋아하는 개는 흥분하여 짖게 됩니다.

그렇기 때문에 아직 인터폰 소리로 사람이 찾아 온 것을 모르는, 사물을 받아들이기 쉬운 어린 강아지 시기에 '인터폰 소리가 울리면 케이지에 들어간다', '현관에서 엎드리고 기다리게 한다' 등으로 가르쳐 두면 나중에 과하게 흥분하는 개를 큰 소리로 멈추거나 필사적으로 제압할 필요는 없어집니다.

그러나 어린 강아지 시절에 가르쳐두지 않았다고 해도 괜찮습니다. 성견이 되어서도 훈련을 하는 것이 가능기 때문이지요. '앉아'나 '엎드려'같은 기본 명령은 물론 인터폰 소리에 얌전하게 기다리는 것도 배울 수 있습니다.* 개는 항상 환경에 적응하기 위해 배우고 있다는 사실을 잊지 말아 주세요.

※출처 〈개의 '곤란해'를 해결한다〉 (사이언스아이신서 출판) 228쪽 참조.

제6장 마음을 파악하여 능숙하게 가르치기

「위험을 인식하는 시기까지는 사물을 받아들이기 쉽다」고 할 수 있습니다.

늑대	저먼 셰퍼드
… 9일째	… 35일째
개의 평균	래브라도
… 49일째	… 72일째

하지만 개는 항상 학습하고 있으니까 지금부터라도 전혀 늦지 않았어요.

56. 개의 성격은 어떻게 결정될까?

'당신의 개는 어떤 성격인가요?'라고 묻는다면 당신은 어떻게 대답할 것입니까? 제멋대로다, 겁이 많다, 화를 잘 낸다, 어리광쟁이다, 붙임성 있다―아마도 다양한 대답이 나오겠지요. 그럼 그 성격은 어떻게 결정되는 것일까요? 선천적인 것일까요? 아니면 환경 때문일까요?

답은 **선천적(유전자)인 것+환경적 것**, 즉 둘 다입니다.

개도 태어나면서 부모에게 성격을 물려받습니다. 부모 개가 겁을 많이 내거나 공격적이라면 자식 개도 겁이 많거나 공격적인 경우가 있습니다. 견종에 따라서도 성격은 다릅니다. 같은 소형견이라도 독립심이 강한 치와와에 비해 토이 푸들은 응석꾸러기입니다.

환경에 의해서도 성격이 결정됩니다. 개의 성격은 사회화에 민감한 생후 3개월(생후 12주령)에서 상당 부분 결정됩니다. 펫샵에서 길러졌는지 브리더에게 길러졌는지, 다른 개나 동물의 유무, 아이나 노인의 유무, 어미 개나 형제 개와 떨어진 시기 등의 다양한 요소가 환경이 되어 개의 성격을 만드는 것입니다.

예를 들면 사회화 시기에 부모나 형제 개와 떨어져 전혀 자극 없는 케이지에서 나오지 못한 채 자란 개는 겁이 많아서 새로운 사물이나 사건을 받아들이지 못하고 환경에 잘 적응하지 못하는 개가 되어버립니다. 이것을 **케넬 증후군**이라고 합니다. 한편, 다양한 자극을 받은 개는 항상 다른 상황에 맞닥뜨려도 적극적으로 일을 스스로 해결하려는 자세를 보입니다. 필요 이상으로 무서워하여 짖거나 패닉 상태가 되지 않고 차분히 있을 수 있는 것이지요.

제6장 마음을 파악하여 능숙하게 가르치기

그러나 같은 환경에서 길러진 형제, 자매인데도 성격이 다른 경우는 흔히 있습니다.

가장 중요한 것은 그 개의 성격을 이해하여 받아들여 주는 것입니다. 전에 키우던 개와 비교해도 소용없어요.

'잡아 당기기 놀이'를 할 때 개가 이기게 해선 안 된다?

놀이를 좋아하는 개에게 주인과 논다는 것은 서로의 유대를 돈독하게 만들기에 최적의 방법입니다. 개들의 놀이에서도 끈을 개끼리 물고 당기는 놀이를 흔히 볼 수 있습니다. 잡아당기는 놀이는 놀면서 배울 수 있다는 이점이 있어 일석이조입니다. 놀이를 통해 개와 사람과의 커뮤니케이션도 강화할 수 있습니다.

그러나 견주 중에서는 '개에게 얕보이면 안돼!'라고 생각하여 잡아 당기기 놀이를 할 때 절대 끈을 양보하지 않는 분도 있습니다. 그러나 이러면 개는 당겨지기만 할 뿐입니다. 단순히 생각해도 이건 조금 지루하지 않을까요? 개의 모습을 보면서 가끔씩은 이기게 해주세요.

잡아 당기기 놀이를 통해서 '놔'라는, 입에 문 것을 놓는 트레이닝도 가능합니다. '놔'라는 명령command을 할 때 사람이 무리하게 줄을 빼앗는 것이 아니라 개가 스스로 줄을 놓도록 재촉하여 주세요. 물론 잘 놓는다면 많이 칭찬해 주세요.

이처럼 평소의 놀이에서 '놔'나 '앉아'를 개에게 시키면 집에 사람이 찾아오거나 실외로 나갔을 때 등 평소보다도 개가 흥분 상태인 경우에도 주인에게 주의를 기울일 수 있게 됩니다. 놀이라고 하는, 평상시보다도 흥분된 상태에서 주인이 말하는 것을 들을 수 있도록 평소에 연습해 두면 좋습니다.

물론 그 중에서는 잡아당기기 놀이로 광분해 버리는 개도 있기 때문에 상태를 봐 가면서 하도록 합시다.

제6장 마음을 파악하여 능숙하게 가르치기

「놔」를 가르쳐 봅시다.

Step1

장난감을 좌우로 움직이거나 숨겨서 그 장난감으로 개가 즐겁게 놀고 있는 것을 확인한다.

Step2

장난감을 자신의 몸에 딱 붙이고 움직이지 않는다. 움직이지 않으면 개는 장난감에서 떨어지기 때문에 그 순간에 「놔」라고 말한다.

Step3

개가 놓는다면 '좋아'라고 말하며 또 논다. 이러한 「떨어지기」→「또 놀기」

※ 상급자는 「놓은 뒤에 앉으면 또 논다」를 해도 좋다.

흥분을 컨트롤 하는 것이 가능해지면 신뢰 관계도 생기기 때문에 일석이조입니다. ☆

어째서 혼내는데도 말을 듣지 않는 걸까

'개는 칭찬하면서 키워야 한다', '아니다 엄격하게 길러야 한다'라고 다양한 교육 방법이 화제가 되고 있습니다.

일반적으로 개가 바람직하지 않은 행동을 했을 때 주인은 혼낸다, 때린다고 하는 벌을 줍니다. 벌에는 두 종류가 있습니다. **정적 처벌** positive punishment과 **부적 처벌** negative punishment입니다. 정적 처벌은 개에게 싫은 일(벌인자 punisher)을 일어나게 하고, 부적 처벌은 개의 상(강화물 reinforce)을 없애서 바람직하지 않은 행동의 빈도를 줄여나가는 것을 말합니다.

'개가 말을 듣지 않는다'고 말하는 견주 분에게는 개에게 부적 처벌을 사용하여 '그 이상 계속하면 무언가 나쁜 일이 생길 거야(상이 없어질 거야)'라는 사인 NRM:No Reward Mark을 조건부여 하도록 어드바이스 합니다. 그렇게 하면 큰소리로 개를 야단치거나 때릴 필요가 없어집니다. 게다가 저는 항상 '앗!' 하고 가볍게 주의를 줍니다. 그러나 '우리 개는 그런 주의로는 말을 듣지 않아요…….'라고 생각할지도 모르겠네요. 그렇습니다. **이 주의는 조건부여가 되어 있지 않으면 의미가 없는 것**이지요.

'말을 듣지 않아'라고 말하는 견주 분은 보통 개가 주인이 혼내도 바람직하지 않은 행동을 '계속 한다'고 하는 경우가 대부분입니다. 중요한 것은, 혼내서 '개가 그 행동을 그만두는 것'입니다 개를 혼내서 개에게 자신이 바람직하지 않은 행동을 하고 있다는 것이 전해지지 않는다면 의미가 없습니다. 아무리 혼내고 때려도 개에게 그 이상의 이점이 없는 것이라면 개는 그 행동을 멈추지 않습니다. 그렇기 때문에 가장 중요한 것은 주인이 주의를 주는 말을 한 후에 개에게 '좋은 일이 없어지는' 것입니다.

제6장 마음을 파악하여 능숙하게 가르치기

혼내도 전혀 듣지 않아요. 지쳤어요.

혼내려는 의도여도 개에게는 재미있는 것 투성이네요.

NRM 조건부여를 하지 않으면 안돼요!

NRM?

No Reward Mark 를 말합니다.
상이 없어진다는 신호이죠.

예를 들면 요구 짖기를 하면 '안돼'라고 말한 뒤 자리를 뜨면 개는 주인이 없어진다고 학습하기 때문에 짖지 않게 됩니다.

「안돼」
↓
상이 없어짐

이라는 조건부여네요!

그렇죠!!

개에게 '상'이란 무엇일까?

개에게 상이란 어떤 것일까요? 맛있는 간식일까요? 주인에게 칭찬받는 것일까요? 주인이 쓰다듬어 주는 걸까요? 그 상황에서 개가 원하는 것이라면 무엇이든 정답입니다. 개에게 가장 좋은 상은 개가 **진심으로 기뻐하고 즐겁다고 느끼는 기분**입니다. 이런 마음은 무엇에도 견줄 수 없는 강력한 보상입니다.

개가 이 보상을 얻었을 때 그 행동을 '더 반복하고 싶다!'라고 의욕을 냅니다. 이 의욕이야말로 최고의 상인 것입니다. 과학적인 면에서 보아도 뇌 보상계의 움직임을 담당하는 신경전달물질인 도파민이 의욕을 일으키거나 행동을 강화시킨다는 사실이 이를 뒷받침합니다.

예를 들면, 저는 산책 전에 현관에서 뛰쳐나가는 것을 방지하기 위해서 항상 현관 앞 문에서 앉기를 시키고 저의 허가('좋아', 'OK' 등)로 개를 밖에 내보냅니다. 대부분의 개는 흥분하기 때문에 처음에는 현관 앞에서 앉지 못합니다. 이때 개에게 상은 문이 열려 밖으로 나갈 수 있는 것입니다. 이런 때에는 간식을 쓰지 말고 '앉는다 → 문이 열린다', '일어선다 → 문이 닫힌다'를 사용합니다. 그리고 마지막까지 얌전히 있는다면 '좋아!'라고 주인이 허가한 뒤 밖으로 나가게 해줍니다. 개는 가만히 참다가 밖에 나갈 수 있다는 기쁨, 성취감으로 현관 앞에서 앉기라는 행동이 강화되는 것입니다.

개의 **기쁨, 즐거움이라고 하는 기분을 훌륭히 이용하는 것**이 간식이라는 상에 의존하지 않고 바람직한 행동을 강화하는 포인트입니다.

간식 없이 「개의 기분」을 상으로 사용해 봅시다.

'기분'이 '상'이 된다구요?

뛰쳐나가는 것을 방지하기 위해 현관 앞에서 앉기 연습을 생각해 보세요.

문을 열어 개가 일어선다면 바로 닫는다. 앉는다면 연다. 열면 닫는다. 이처럼 문을 열어도 일어서지 않을 때까지 반복합니다.

연다 닫는다 …

개가 행동하고 1초 이내에 개폐할 것!!

가능해지면 밖에 나갑니다. 이때 '밖에 나갈 수 있어서 기쁘다!'라는 개의 기분이 상인 것입니다. 이 상이 현관 앞에서 앉기를 강화시킵니다.

반려인이 배웠으면 하는 두 가지 매너

모치다 카나(펫 비헤이비어)

저는 항상 반려인이 개와 기분 좋게 생활하기 위해 명심했으면 하는 두 가지 매너를 제안하고 있습니다. 첫 번째 매너는 애견가로서 가정 밖의 환경, 즉 가족 이외의 사람이나 장소에서의 배려입니다. 견주가 '우리 개는 착하니까 괜찮아'라고 근거 없는 자신을 가지고 있는 경우가 흔히 있습니다. 이것은 자신의 개를 신뢰하고 있는 것이 아니라 과신하고 있는 것뿐입니다. 이처럼 과신한 끝에 개가 사람을 물어버리는 경우가 있습니다. 하지만 실제로 위해를 가한 것은 개여도 책임은 그 견주에게 있습니다. 소중한 가족에게 죄를 범하도록 하는 것입니다. 개 주인이 **주위에 폐를 끼치지 않도록 배려하는 것은 소중한 가족을 지키는 것**입니다.

두 번째 매너는 반려견에 대한 것입니다. 훈련이라고 말하며 개에게 무언가를 강요하는 것이 아니라 개가 개답게 개로서 생활할 수 있는 환경을 갖추고 요구에 응하는 배려를 해주었으면 합니다. 개의 신뢰를 잃지 않기 위해 규칙이나 커뮤니케이션을 개가 **이해할 수 있는 방법으로 알기 쉽게 전달하는** 것입니다.

예를 들어 소극적인 개를 키우는 견주가 '사교적인 개가 되었으면 좋겠다'고 생각하여 다양한 환경에 데리고 다니는 경우가 있습니다. 하지만 개는 어떻게 느끼고 있을까요? 개의 페이스에 무리는 없는 것일까요? 서투른 것을 극복하는 것은 재활rehabilitation같은 것이기 때문에 적절한 순서와 배려가 필수 불가결한 것입니다. 그러나 개는 이처럼 큰 스트레스를 안고 있는 환경에서 부담이나 불안을 가져오기만 하는 주인에게 신뢰를 가질 수 있을까요?

같은 사회에서 생활하는 동지끼리 서로 신뢰할 수 있는 환경에서 기분 좋게 생활할 수 있는 연구와 배려가 가능하면 좋겠지요

제 7 장
개의 신체적 특징을 알자

개의 뇌와 사람의 뇌에는 큰 차이가 있습니다. 그것은 무슨 의미일까요? 또 개와 늑대의 유전자는 99% 일치합니다. 그렇다는 것은 개≒늑대라는 것일까요? 이번 장에서는 개의 신체적 특징을 알아봅시다.

60 개에게도 스트레스가 있을까?

옆에서 자는 반려견을 보며 '아~개는 좋겠다. 사람이랑 다르게 학교도 직장도 안가고 스트레스 같은 건 없겠지…….'라고 생각한 적 있지 않나요?

아닙니다. 개도 스트레스가 쌓입니다. 오히려 아무것도 하지 않는 것이야말로 스트레스의 원인이 되는 것이지요. 예를 들어 케이지 안에 갇혀 있기만 하는 생활, 어린 아이나 사이가 안 좋은 동물과의 생활, 소음…….이라는 환경이 스트레스의 원인이 되는 경우도 있습니다.

개가 '거북하다…….'라는 식으로 긴장하거나 스트레스를 느낄 때는, 하품을 하거나 몸을 긁는 등의 커밍 시그널을 보여주기도 합니다.

살아가면서 다소 스트레스는 필요하지만 스트레스를 만성적으로 느낀다면 사람과 마찬가지로 컨디션을 망가지게 할 뿐만 아니라 심한 경우에는 우울증같이 마음의 병이 되어 버리기도 합니다.

우울증인 사람은 신경전달물질 세로토닌의 분비가 건강한 사람에 비해서 적은데 개의 경우도 같다고 할 수 있습니다. **만성적인 스트레스가 쌓이는 상황에서 개의 세로토닌 분비량은 정상 개보다 적습니다.**

식욕이 없다, 주의력 결핍, 어떤 것에도 의욕 없다, 잠만 잔다 등은 만성적인 스트레스나 우울 상태의 사인입니다. 개가 스트레스를 느끼는 것 같고 스트레스의 원인이 명확한 경우는 그 요인을 제거하고 진정할 수 있는 환경을 조성해 주세요. 예를 들어 함께 놀아주거나 트레이닝 하거나 음식을 장난감에서 꺼내는 '일'을 주는 것 등입니다.

개에게도 기분 안 좋은 날이 있을까?

'우리 개가 갑자기 저를 물었어요', '기분이 좋을 때는 으르렁대지 않는데…….' 개에게도 기분이 안 좋은 날이 있을까요? '최근에 일이 바빠서 집 청소도 못해!'-이런 때 당신의 기분은 어떻습니까? 너무 바쁜 날이 계속되면 초조해지지요. 남편이나 아이, 친구가 '왜 안절부절 못해?'라며 걱정해 주는데도 '시끄러워!'라고 짜증을 내지는 않습니까?

이것은 개도 마찬가지입니다. 산책에 데려가 주지 않아서, 놀아주었으면 하는데 무시 당해서, 혼나서……. 이런 일상의 불만이 쌓이면 기분은 불만 모드가 됩니다. 이렇게 되면 심심해서 장난을 치는 개를 주인이 '그만둬!'라고 하며 안으려고 하면 손을 물어버리는 경우도 있습니다.

저는 행동 카운셀링 실시할 때 문제행동이 일어나는 시간 이외의 평소 개의 기분에 주목합니다. 주인은 '우리 개는 차분하지 못하고 집안에서 이것저것 갉아먹거나 장난을 쳐요'라고 말합니다. 그러나 진정시키거나 장난을 멈추게 하기 전에 왜 차분하지 못한지, 왜 장난을 치는지 개의 기분을 생각해 주었으면 합니다

개의 기분을 좌우하는 것은 사람과 마찬가지로 일상의 사건들입니다. 최근에 충분히 산책하거나 함께 놀아주었나요? 혼내기만 하지 않고 제대로 커뮤니케이션을 하고 있나요? 개의 기분을 충족시켜주는 것만으로 짓궂은 장난이 확 줄고 안정을 취할 수 있습니다. 처음부터 무기력하고 차분하지 못한 상태의 개에게 새로운 행동을 가르치는 것은 곤란합니다.

제7장 강아지의 신체적 특징을 알자

최근 우리 개가 기분이 안 좋은 것 같아요… 개에게도 기분이란 게 있나요?

잘 신경 써주고 있나요?

그러고 보면… 평일은 일이 우선이고 휴일은 하루 종일 빈둥거리고, 별로 신경 써 주고 있지 않았을지도 모르겠네요…

그래서는 개도 기분이 좋지 않아요-. 조그마한 것으로라도 칭찬해주거나, 장난감으로 놀아주거나, 산책시켜 주어야 한답니다!

미안…

기분을 좌우하는 것은 일상의 사소한 사건들의 축적이에요. 사람도 개도 마찬가지인 것이죠.

62 가출 후에 근처 암컷 개가 있는 집에서 발견했는데, 발정기인 걸까?

집 문을 열자마자 근처 암컷 개가 있는 집으로 쏜살같이 달려갔다! 개의 **발정기**는 언제일까요?

암컷 늑대의 발정기는 주로 초봄입니다. 1년에 1회라면 자연계에서 새끼를 기르기 좋기 때문입니다. 그러나 암컷 개는 발정기가 계절과 관련 있는 암컷 늑대와는 달리 계절과 관계 없습니다. 최초 발정기는 생후 7~9개월에 찾아오고, 임신이 가능한 몸이 됩니다. 그 후에는 약 반년 주기로 발정기가 찾아옵니다. 수컷 개에게는 발정기가 없고, 암컷 개의 페로몬에 흥분합니다.

즉 수컷 개의 발정기는 1년 내내……. 더욱 정확히 말하면 **암컷 개가 발정기**일 때가 수컷 개에게도 발정기인 것이지요.

발정기와 중성화는 뗄 수 없는 관계입니다. 번식 예정이 없는 한 각종 질병의 예방, 발정기 스트레스 등을 생각하여 **중성화 수술을 하는 것을 권장**합니다.

가끔 '자연의 상태로 두고 싶다'고 하는 견주가 있습니다. 하지만 우리 인간과 생활하고 번식의 기회가 없는 개는 이미 자연의 상태가 아닙니다.

동일본지진 후 후쿠시마현에서는 도망친 개가 번식하여 곤란한 지경에 이른 모습을 볼 수 있었습니다. 이 새끼 강아지들은 사람이 없는 장소에서 길러진 탓에 사람을 무서워하고 가까이 다가가는 것도 불가능합니다. '발정기의 암컷 냄새를 쫓아 도로에 뛰어들어 사고가 났다', '개 전용 운동장에서 뜻밖의 임신을 하고 말았다'-이 같은 예상 외의 사고를 방지하기 위해서라도 중성화를 해 두는 것이 좋겠지요.

요전에 우리 개가 탈주했는데 암컷 개인 쿠키가 사는 곳에서 발견됐어요. 봄은 개의 발정기인 걸까요?

개의 발정기는 계절과는 관계없습니다 —

개와 늑대의 차이

성성숙의 시기 (♀)

개 — 여자 어른이야!!
7~9개월
2회/년

늑대 — 계집애
22개월
1회/년

1년에 2회나 있네요!

질병이나 원치 않는 임신을 생각하면 중성화 수술을 추천드려요.

처음 뵙겠습니다~. 이번에 여기 이사 왔어요!!

중성화 시키자...

개도 잠잘 때 꿈을 꿀까?

자고 있는 반려견의 손발이 움찔움찔 움직이거나, 낑낑하고 우는 경우가 있습니다. 어디가 아픈 걸까요? 아닙니다. 이것은 **개가 꿈을 꾼다는 증거**입니다. 개도 사람과 마찬가지로 꿈을 꾸는 것이지요.

수면중인 포유류(개를 포함하여), 조류의 뇌파를 조사한 결과, 사람과 마찬가지로 **렘REM 수면**과 **논렘수면**이 있다고 합니다. 렘수면은 Rapid Eye Movement의 앞 글자를 딴 것으로, 문자대로 안구가 빙빙 움직이는 상태입니다.

렘수면은 몸은 자고 있는데 뇌는 활동하고 있는 상태, 즉 얕은 수면을 말합니다. 반대로 논렘수면은 뇌, 몸이 모두 잠들어 있는 상태로, 깊은 수면을 말합니다. 꿈을 꾸는 것은 주로 렘수면일 때입니다.

그런데 꿈은 무엇을 위해 꾸는 것일까요? 렘수면 중인 뇌는 우리가 자고 있는 사이에도 **활동하고 있으며 그날의 정보를 정리하고 필요한 정보를 뇌에 기억**합니다. 이것은 작은 쥐의 뇌에도 마찬가지로 이루어지는 작업입니다.

메사추세츠 공과대학MIT의 매튜 윌슨과 켄웨이 루이는 뇌에 전극을 붙인 쥐를 미로에서 돌아다니게 하고 뉴런의 발화 패턴을 조사하였습니다. 그러자 놀랍게도 자는 사이의 쥐 뉴런의 발화 패턴은 하루 동안 미로를 돌아다녔을 때와 같다는 것을 알았습니다.

즉 쥐는 자고 있는 사이에 하루 동안 미로의 정보를 정리하고, 꿈속에서 기억하고 있던 것입니다. 개가 꿈을 꿀 때는 그날에 있었던 일을 정리하고 학습하고 있는 것일지도 모릅니다.

싫은 일이 있으면 바로 실례를 한다. 일부러 그러는 걸까?

개에게도 기분이 있다 – 개와 살아가는 사람이라면 당연히 느끼겠지요. 그러나 '개에게 기분은 없고 조건반사로 학습한 것뿐이다'라고 믿어졌던 시대도 있습니다. 개에게도 정동이 있다는 것은 최근 과학의 발달로 뇌 연구가 진행되어 밝혀져 왔습니다. 미국의 신경학자 폴 매클린은 진화 과정에 기초하여 뇌를 3단으로 분류했습니다. 뇌의 대략적인 짜임새를 이해하면서 오늘날에도 편리한 가설로 쓰이고 있습니다.

가장 오래된 **파충류 뇌**reptilian brain는 대뇌 기저핵에서 이루어져 배설이나 먹고 마시는 본능에 기초한 행동, 생명 유지를 맡고 있습니다. 다음으로 **구포유류 뇌**paleomammalian brain라고 불리는 해마와 편도체를 둘러싼 대뇌 변연계는 정동을 담당하는 부분입니다. 정동이란 분노나 두려움, 슬픔, 기쁨, 유쾌, 불쾌 등의 강력한 기분을 말합니다. 그리고 가장 새로운 **신포유류 뇌**neomammalian brain는 대뇌신피질에서 계산이나 인지, 논리적인 사고 등 고차원적인 기능을 갖추고 있습니다. 동물이 고등 해질수록 대뇌신피질이 점하는 비율이 많아지며, 사람은 이 부분이 매우 발달되어 있습니다.

사실은 개의 뇌도, 사람의 뇌도 기본적인 구성은 다르지 않습니다. 단, 개의 뇌는 대뇌신피질이 사람만큼 발달되어있지 않아서 사람만큼 복잡한 문제를 생각하지 못합니다. 예를 들어 개가 다른 개를 무서워하는 것은 사회성의 문제로, '나는 개가 아니라 사람이다'라고 생각하기 때문이 아닙니다. 개의 뇌에 자기인식력은 없기 때문입니다.

개가 혼자 집을 지킬 때 아무데나 배설을 하는 것은 불안이 원인으로 '주인에게 복수할 거야!'라고 생각하여 하는 일이 아닙니다. 개에게는 앞을 내다보는 계획성있는 행동은 불가능한 것이지요.

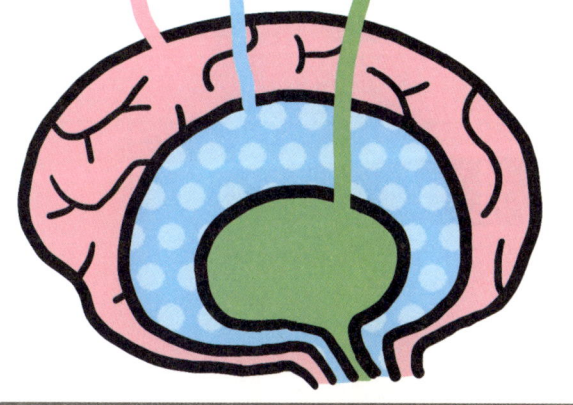

사람을 포함한 모든 포유류는 같은 원형의 뇌 구조를 갖고 있다.

그러나 대뇌변연계는 사람도 개도 그다지 차이가 없습니다. 양전자 방출 단층 촬영법PET*을 이용한 연구에서는 분노나 두려움, 기쁨, 슬

폼 등 정동이 개의 대뇌변연계에서도 일어나는 것이 확인되었습니다.

※미리 방사선을 내는 방사성 약제를 투여하고 방사성 약제에서 나오는 방사선을 관찰하는 것으로 장기나 조직의 다양한 기능을 측정하고 화상으로 표시할 수 있다.

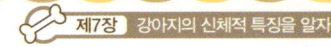

개는 일부러 짓궂은 짓을 하려고 집 안에 소변을 보지는 않는다. 평소에 산책을 다니며 잘 배설시키는 것도 중요하다

개의 선조는 늑대일까?

개의 유전자는 선조인 늑대의 DNA와 99% 일치한다고 합니다. 일찍이 개의 선조는 늑대라는 설 외에 자칼 설이나 코요테 설도 있었습니다. 그러나 유전자학의 발전으로 개의 기원이 확실해졌습니다.

그중에서도 mtDNA(미토콘드리아DNA)는 진화의 과정을 알아보는 데 제격입니다. 왜냐하면 mtDNA는 일반적인 DNA와는 달리 부친 쪽이 아닌 **모친 쪽에서만 유전되기 때문에 최종적으로는 특정 선조에게 도달할 수** 있기 때문입니다.

이 mtDNA의 분석 결과 우리와 생활하고 있는 개의 직계 선조는 동아시아에 살던 늑대라는 것이 밝혀졌습니다. 그 후 개는 세계에 널리 퍼져 품종개량을 거치며 인정된 것만 해도 300종류 이상, 인정되지 않은 것을 포함하면 800종류는 있을 것이라고 합니다.

자칼(왼쪽)과 코요테(오른쪽). 예전부터 개의 선조가 아닐까 추측한 적도 있다

그럼 개는 언제부터 사람과 살게 되었을까요? 지금까지 사람이 개를 가축화하며 사람에게 적응하기 쉬운 늑대를 골라 길들인 결과 늑대는 개가 되었다고 하는 설이 믿어졌습니다. 그러나 현재에는 mtDNA 분석에 따라 **사람에게 길들여지기 시작한 시점에서 이미 늑대가 아닌 개가 되었다**고 하는 설이 유력합니다.

어느 설이 올바른지는 아직 확실치 않지만 적어도 약 1만 5천년, 혹은 더욱 수만 년 전부터 개와 인간은 공존했던 것 같습니다. 또한 현재의 개$^{Canis\ lupus\ familiaris}$는 늑대$^{Canis\ lupus}$와 동종이 아닌 아종으로 분류됩니다.

🐾 늑대와 개는 비슷하면서 다른 존재

늑대는 개의 선조이며 유전자도 99% 일치한다고 하는 것은 대부분 늑대≒개 라는 걸까요? 아닙니다. **어디까지나 개는 개, 늑대는 늑대**입니다. 예를 들어 사람이 늑대를 태어났을 때부터 키워도 개가 될 수 없습니다.

개. 아이같고 사람을 의지한다. 사진은 흑시바견

늑대. 독립심이 강하고 사람을 따르기 힘들다

사람이 기른, 태어난 지 얼마 안된 생후3~5주 정도의 늑대와 비교하면 개가 더 사람에게 더 잘 다가옵니다. 또한 사람 얼굴을 보면 꼬리를 흔들거나 우는 등의 커뮤니케이션을 하려는 모습을 볼 수 있었습니다. 또 늑대는 우리 안에 있는 고기를 혼자서 필사적으로 잡으려고 하지만 개는 사람을 보며 도움을 요청합니다(Miklosi et al., 2003).

늑대는 독립심이 있으나 개는 늑대보다도 더 아이 같고 사람을 의지합니다. 그러니까 사람과 개 사이에는 이런 긴 역사가 있는 것이겠지요.

그러므로 개를 눕혀 제압하는 롤 오버나 개의 입을 잡는 머즐 컨트롤처럼 **늑대의 행동을 기반으로 고안된 개의 교육법은 별로 좋지 않은 것**입니다.

롤 오버 이미지. 개가 문제 행동을 했을 때 무리하게 눕혀 복종 자세를 취하게 해도 해결되지 않는다

제7장 강아지의 신체적 특징을 알자

개는 늑대의 어린아이 버전?

앞의 항목에서 늑대는 개의 선조라고 설명했습니다. 하지만 늘어진 귀에 동그랗게 말린 꼬리, 짧은 주둥이에 짧은 팔다리는 늠름한 늑대에 비하면 아이같이 느껴집니다.

그도 그럴 것이 개는 늑대의 유형진화^{Paedomorphosis}라고 하기 때문입니다. 유형진화란 어른이 되어도 아이 때의 특징이나 성질을 가지고 있는 것을 말합니다.

유형진화의 예로서 개와 늑대의 **외견 차이**를 들어봅시다. 개의 뇌나 머리의 크기는 같은 체중의 늑대와 비교해서 20~25%나 작고, 치아도 늑대의 날카롭고 큰 치아에 비하면 작고 치열의 간격도 좁습니다.

또 개의 주둥이는 짧고 늑대에게는 동그랗게 말린 꼬리(말린 꼬리)가 전혀 보이지 않습니다. 소련(현 러시아)의 유전학자 드미트리 벨야에프가 실행한 유전적으로 사람을 잘 따르는 여우를 만들어내는 실험 **67**(194쪽)에서도 일반적으로 신경질적인 여우에게는 말린 꼬리가 관찰되지 않은 것에 비해, 교배를 계속함에 따라 사람을 잘 따르는 여우에게는 말린 꼬리가 관찰되었습니다.

유형진화의 예로서 **행동의 차이**도 들어봅시다. 늑대는 성성숙 후 놀이가 줄어들지만 개는 그다지 변화가 없고, 성견이 되어도 놀이를 매우 좋아합니다. 개는 성견이 되어도 낑낑 하고 새끼처럼 '외로워'라며 울기도 하지만 늑대에게는 극히 드뭅니다. 무엇보다 개는 늑대보다 새로운 환경에 적응 능력이 높고, 트레이닝도 하기 쉬우며 늑대보다도 훨씬 유연성이 풍부합니다. 개는 늑대보다도 순종적이며 분노에 대한 허용량도 큽니다.

늑대와 개의 차이

	비교 항목	늑대	개
외견	뇌, 머리 크기	크다	늑대보다 20~25% 작다
	치아 크기	크다	작다
	치열 간격	넓다	좁다
	주둥이	길다	짧다
	꼬리	늘어진 꼬리나 말린 꼬리는 없다	늘어진 꼬리나 말린 꼬리 등 여러 가지
	귀	서 있다	선 귀나 늘어진 귀 등 여러 가지
행동	짖는다	없다	많다
	운다	있다	있다
	주둥이를 문다	많다	적다
	논다	성성숙 후는 적다	많다(평생)
	트레이닝성	낮다	높다
	소변으로 마킹	적다	많다
성	성성숙	22개월	7~9개월
	암컷의 발정기	1회/년	2회/년
	수컷의 발정기	계절성	1년 내내

'벨야에프의 실험'이란?

소련(현 러시아)의 드미트리 벨야에프는 원래 경계심이 강한 은여우 중에서 개처럼 사람을 잘 따르는 여우를 유전적으로 골라내어, 사람을 잘 따르는 여우를 인공적으로 만들어 내는 데에 성공했습니다.

1959년, 벨야에프는 소련의 노보시비르스크에서 여우 가죽을 만드는 일을 했습니다. 야생 여우는 매우 경계심이 많고 다루기 어려워서 벨야에프는 사람에게서 도망가지 않는 여우를 골라서 번식시키기로 합니다.

가죽을 만드는 곳의 사육장에 있던 여우는 90%가 공격적이거나 사람을 무서워했고 10%만이 얌전한 여우였습니다. 벨야에프는 이 10%의 여우를 골라 번식시키고, 차세대 여우부터 사람에 대한 경계심이 더욱 적은 여우를 골라내어 계속 번식시켰습니다. 이 결과, 18세대째에 외견도 행동도 개와 비슷한 여우가 탄생했습니다.

이 여우들에게는 늘어진 귀, 말린 꼬리, 반점이 있는 털 등이 관찰되었습니다. 행동도 개처럼 사람을 잘 따르게 되었고 꼬리도 흔들며 사람의 손이나 얼굴을 핥거나 낑낑거리는 소리를 내게 되었습니다.

또한 놀랍게도 일반적으로 1년에 1회였던 번식기가 개와 마찬가지로 1년에 2회가 된 여우도 발견되었습니다.

65(188쪽)에서 개의 가축화에 대해 살펴보았는데요. 먼 옛날, 사람은 사람이 생활하던 지역을 무서워하지 않고 다가온 개의 번식을 계속해 왔을 것입니다. 그러면서 개는 우리와 함께 살아가게 되었고, 최고의 친구가 되었던 것인지도 모릅니다.

제7장 강아지의 신체적 특징을 알자

때는 1950년대 후반 즈음…

꺄아아아악!!

여우는 성질이 거치네. 얌전한 여우는 10% 정도뿐인가…

← 벨야에프 씨

얌전한 여우만을 골라서 번식 시키자.

18 세대째에 탄생!!

- 늘어진 귀
- 얼룩진 모양
- 깡깡거린다
- 하얗게 말린 꼬리
- 사람을 잘 따른다.
- 꼬리를 흔들며 손이나 얼굴을 핥는다.
- 암컷 발정기는 개와 똑같이 연 2회

※ 모든 여우의 외견이나 행동이 변화한 것은 아니고, 공격적인 개체도 있었다.

개의 선조 / 사람에게 접근 위대한 일보

→
사람에게 먹을 것을 받는다.

→
사람과 친해진다.

개도 이런 식으로 사람과 친해진 것일지도 모르겠네요.

수의사와 행동 카운셀러가 연대한 영국

비터 네빌 박사(The Center of Applied Ethology 창설자)

영국은 일반적으로 일단 수의사가 동물의 행동에 변화를 미친 임상적인 원인이 있는지, 신체적으로 문제가 없는지 확인한 후 행동 카운셀러(펫 비헤이비리스트)를 소개시켜 주는 구조입니다. 그리고 행동 카운셀러가 문제 행동의 된 원인을 진단한 후 각각에게 맞는 치료 프로그램에 따라 행동을 개선해 나갑니다. 사회화의 결함에서 문제 행동으로 발전하는 경우도 있기 때문에 행동 카운셀러가 동물 병원에서 퍼피 클라스를 여는 일이 늘어나고 있습니다.

영국에서 개의 문제 행동으로 가장 많은 것은 공격 행동입니다. 다른 개에게 하는 공격 행동도 있는가 하면, 사람에게 하는 공격 행동도 있습니다. 이런 행동의 대부분이 공포심이 원인으로, 자신의 몸을 보호하기 위한 공격 행동입니다. 다른 낯선 개에게 공격 당한 개는 몸을 보호하기 위한 대책으로서 다른 개를 공격하게 되는 것입니다. 분별없는 주인의 초크체인이나 폭력, 도미넌스 리덕션 프로그램*에 따른 잘못된 훈련법으로 고통을 맛본 개는 주인에게 공격적으로 행동합니다. 현재 이런 고전적인 방법은 과학자나 한 발 앞선 트레이너, 혹은 행동 카운셀러에게는 배제되고 있습니다.

저는 1990년에 영국의 수의학교를 시작으로 행동 카운셀링 클리닉을 개업한 이래 약 25년, 반려동물의 행동 카운셀러로서 종사해 왔고, 미국의 오하이오 주립대학이나 일본의 미야자키 대학 수의학부에서 명예 교수로 강의를 진행하는 기회도 누렸습니다. 학술적이면서 실제 현장에서 기술적으로 훌륭한 행동 카운셀러가 영국이나 일본, 세계에서 활약하며 많은 개, 고양이의 생활을 만족시키는 것을 간구하고 있습니다.

※자신이 가장 최고라고 개가 생각하지 않도록 하는 것.

부록 1
개의 대표적인 문제 행동
~사실은 그거 문제 행동일지도 몰라요

아래 항목은 개의 대표적인 문제 행동입니다. 자신이 기르는 개가 문제 행동을 하고 있지는 않은지 확인해봅시다. 함께 살고 있으면 의외로 잘 알아차리지 못합니다. 단, 체크리스트에 해당해도 바로 큰 문제가 발생한다고는 할 수 없습니다. 하지만 너무 빈발한다면 대책을 강구할 것을 권합니다.

- ☐ 산책 중에 먹지 못하는 것(떨어진 잎, 돌멩이, 담배꽁초 등)을 주워 먹는다
- ☐ 가구 등(벽, 문, 의자, 쿠션)을 갉아댄다
- ☐ 마루나 벽, 사람의 손을 마구 핥는다
- ☐ 자신의 사지를 계속 핥는다. 그만두게 해도 그만두지 않는다
- ☐ 자신의 꼬리를 쫓는다
- ☐ 혼자 집을 지킬 때 배설을 실수할 때가 있다(보통 때는 잘한다)
- ☐ 대변을 먹는다
- ☐ 소변 혹은 대변을 화장실에서 제대로 할 확률이 80% 이하이다
- ☐ 자신의 먹이나 장난감 등을 지키고 공격적이 된다
- ☐ 아무것도 없는데 계속 짖는 경우가 있다
- ☐ 요구짖음이 많다
- ☐ 손님이 방문했을 때 계속 짖고 주인 말을 듣지 않는다
- ☐ 주인을 진짜로 물 때가 있다
- ☐ 타인을 물 때가 있다
- ☐ 다른 개를 향해 짖는 등 공격적이다
- ☐ 자전거나 오토바이, 조깅 중인 사람을 쫓는다
- ☐ 빗질을 싫어해서 불가능하다
- ☐ 주인이 말하는 것이나 명령을 듣는 확률이 50% 이하이다

부록2 생활 환경 충실도 체크
~당신의 개는 만족하고 있는가?

자신이 기르는 개가 행복한지 어떤지 아래의 체크리스트로 확인해 보세요. 전 항목에 체크를 넣는 것은 힘들지도 모릅니다. 그러나 적은 시간이라도 나누려 노력한다면 당신의 개는 행복해질 것입니다.

- ☐ 하루에 30분 이상 집중해서 놀아준다
- ☐ 적어도 하루에 1번 혹은 하루에 2번 산책을 빼놓지 않는다 (노견은 제외)
- ☐ 마음에 드는 장난감을 가지고 있다
- ☐ 평상시 케이지 밖에 있다. 또는 케이지 밖에서 보내는 시간이 하루에 6시간 이상이다
- ☐ 배설 성공률이 90% 이상이다
- ☐ 좋아하는 씹는 장난감이나 개용 껌을 갖고 있다
- ☐ 주인이 말하는 것이나 명령을 기뻐하며 따른다
- ☐ 트레이닝처럼 '스스로 생각하는 시간'이나, 신문 회수 등의 '일'이 있다
- ☐ 밥을 먹는 것을 좋아한다
- ☐ 빗질을 해주는 것을 좋아한다

→ 체크가 8~10개 : 매우 행복한 개입니다
→ 체크가 5~7개 : 그럭저럭 행복한 개입니다
→ 체크가 4개 이하 : 더 행복한 개로 만들어 줍시다

부록3
개의 연령과 사람의 연령 대조표
~2년 정도면 완전한 성견!

옛날부터 흔히 듣는 것은 '개(소형~중형견)는 1년에 사람의 15살 맞먹(대형견은 12살 상당)는 성장을 하며, 2년이면 사람의 24살에 해당한다. 그 후는 4배 속도(대형견은 7배)로 나이를 먹는다'고 하는 기준입니다. 소형~중현견의 수명은 14~17년, 대형견의 수명은 9~13년으로 대형견이 더 짧은 것이 특징입니다. 소형~중형견은 빨리 어른이 되지만 노화는 대형견에 비해 느립니다. 반대로 대형견은 천천히 어른이 되어 노화는 빨리 찾아옵니다.

표 개와 사람의 연령 대조표

개 (소형~중형)	사람
1개월	1세
2개월	3세
3개월	5세
6개월	9세
9개월	13세
1년	15세
2년	24세
3년	28세
4년	32세
5년	36세
6년	40세
7년	44세
8년	48세
9년	52세
10년	56세
11년	60세
12년	64세
13년	68세
14년	72세
15년	76세
16년	80세
17년	84세
18년	88세
19년	92세
20년	96세

개(대형)	사람
1개월	1세
2개월	3세
3개월	5세
6개월	7세
9개월	9세
1년	12세
2년	19세
3년	26세
4년	33세
5년	40세
6년	47세
7년	54세
8년	61세
9년	68세
10년	75세
11년	82세
12년	89세
13년	96세

●**소형~중형견의 3년째 이후**
1년에서 15세, 2년에서 24세, 3년째 이후는 1년에 4세씩 나이를 먹는다
사람의 연령=24+(개의 연령−2)X4

●**대형견의 2년째 이후**
1년에서 12살, 2년째 이후는 1년에 7살씩 나이를 먹는다
사람의 연령=12+(개의 연령−1)X7

※실제로는 견종, 사육 환경 등에 따라 개체 차가 크기 때문에 어디까지나 표준입니다.
참고 : 《소동물 영양학 3》 (일본 빌즈 콜게이트 내 마크 모리스 연구소 연락 사무국)

《 참고문헌 》

[학습의 심리] 지츠모리 마사코 · 나카시마 사다히코/저(사이언스사 2000년)

[커밍시그널] 투리드 루가스(Turid Rugaas)/저, 이시와타 미카/역(에디사마즈, 2009년)

[개의 '곤란해!'를 해결하자] 사토 에리나/저(SB크리에이티브, 2012년)

Jaak Panksepp, Affective Neuroscience(Oxford University Press, 1988)

James O' Heare, Aggressive Behavior in Dogs(DogPsych Publishing, 2007)

Karen Pryor, Don't shoot the dog! : The New Art of Teaching and Training(Bantam, 1999)

Raymond and Lorna Coppinger, Dogs : A New Understanding of Canine Origin, Behaviour and Evolution(Crosskeys Select Books, 2004)

Ádám Miklósi, Dog behavior, evolution, and cognition(Oxford University Press, 2007)

Steven R. Lindsay, Handbook of Applied Dog Behavior and Training Volume One (Blackwell Publishing, 2000)

Steven R. Lindsay, Handbook of Applied Dog Behavior and Training Volume Two (Blackwell Publishing, 2001)

Steven R. Lindsay, Handbook of Applied Dog Behavior and Training Volume Three (Blackwell Publishing, 2005)

James Serpell, The Domestic Dog(Cambridge University Press, 1995)

색인

영어

mtDNA(미토콘드리아DNA)	188

가

간상체세포	74
갑상선 기능 저하증	56
갑상선 기능 항진증	56
갑상선 호르몬 제제	56
강화	80, 82, 122
강화자	122, 170
개 필라그린 검사	36
고전적 조건부여	136
구포유류 뇌	184
길항조건부여	70, 116
꾀병	192

나

논렘수면	182
놀이 인사	22
능동적 복종	66

다

대뇌기저핵	184
대뇌변연계	184
대뇌신피질	184
도미넌스 리덕션 프로그램	196
동체시력	74
드미트리 벨야에프	194
땀샘	86

라

렘수면	182

마

마구 짖음	140
마운팅	88
마킹	86, 92
무리	156
미러테스트	106

바

반항기	102
발정기	180
방어적 공격 태세	50
벌인자	170
보습 유전자	36
복종의 웃는 얼굴	48, 50
부적 처벌	170
분리관련장애	58, 130, 152

사

사회화기	96, 102
삼항수반성	34, 136
성성숙	102
세로토닌	176
수동적 복종	66
순화	102
시세포	74
신포유류 뇌	184

아

아토피 스텝 요법	36
아토피성 피부염	36
아형진화	192
악성 종양	100
알레르겐	36

알파	156	컷오프 시그널	38
양성종양	100	케넬 증후군	166
양전자 방출 단층	186		
오페란트 조건부여	136	**타**	
요구 짖음	132	타협	62
유선 종양	100	탐색 계통	150
이물질 섭취	146		
인지증	128	**파**	
임프린팅	110	파충류 뇌	184
		판화	70
자		표재성농피증	36
자기인식력	106	프로토픽 연고	36
적극적인 공격 태세	50	피지선	86
정적 처벌	170	필라그린	36
지루성습진	36		
		하	
차		하울링	58
초크체인	196	항원	36
추상체세포	74	헬퍼-T 세포	36
침울상태	46	후각	94
카			
커밍 시그널	38, 94		

INU NO KIMOCHI GA WAKARU 67 NO HIKETSU
Copyright © 2015 by Erina Saito
All rights reserved.
Original Japanese edition published in 2015 by SB Creative Corp.
Korean translation rights arranged with SB Creative Corp.
through Eric Yang Agency Co., SEOUL.
Korean translation rights © 2017 by BM Publishing

All rights reserved. No part of this publication may be reproduced or transmitted in any form or by any means, electronic or mechanical, including photocopying, recording, or any information storage and retrieval system, without permission in writing from the publisher.
Translated by BM Publishing
Printed in Korea

개의 마음을 알 수 있는 67 가지 비법

지 은 이	사토에리나
역 자	이도규
펴 낸 이	이도규
펴 낸 곳	백마출판사
홈페이지	www.bmbook.co.kr
전 화	0505-277-0075
팩 스	0505-277-0076
등록일자	2004-1-12
등록번호	207-91-43627
발 행 일	2017 년 3 월 3 일

ISBN 978-89-92849-37-1 02490
정가 16,000 원

※파본은 바꾸어 드립니다.

이 책은 ' 개의 마음을 알 수 있는 67 가지 비법 (INU NO KIMOCHI GA WAKARU 67 NO HIKETSU)" 의 한국어판으로 에릭양 에이전시를 통해 SB Creative Corp. 과 백마출판사의 독점계약에 의해 출간되었습니다. 따라서 저작권법에 의해 보호를 받는 저작물로서, 이 책의 무단 발췌, 전재 및 복제를 금하며, 어떠한 형태로의 저장과 전송도 할 수 없습니다. 만일 이를 위반 시에는 법에 의해 엄중한 처벌을 받게 됩니다.